中国古典名著系列丛书

歇后语大全

读国学经典 品传世文化

李伟◎主编

北方妇女儿童出版社

版权所有　侵权必究

图书在版编目（CIP）数据

歇后语大全／李伟主编．—长春：北方妇女儿童出版社，2011.1（2025.6重印）
（中国古典名著系列丛书）
ISBN 978-7-5385-5285-0

Ⅰ．①歇… Ⅱ．①李… Ⅲ．①汉语-歇后语-汇编
Ⅳ．①H136.3

中国版本图书馆 CIP 数据核字（2010）第 255471 号

歇后语大全
XIEHOUYU DAQUAN

出 版 人	师晓晖
责任编辑	王天明　冯晓红
策　　划	师晓晖　魏广振
封面设计	创品牌
排　　版	腾飞文化
开　　本	710mm×1000mm　1/16
印　　张	22
字　　数	330千字
版　　次	2011年1月第1版
印　　次	2025年6月第12次印刷
印　　刷	三河市南阳印刷有限公司
出　　版	北方妇女儿童出版社
发　　行	北方妇女儿童出版社
地　　址	长春市福祉大路5788号
电　　话	总编办：0431-81629600
定　　价	32.80元

A

a 1	ang 5
ai 2	ao 6
an 4	

B

ba 7	bi 31
bai 15	bian 33
ban 23	biao 34
bang 26	bie 34
bao 27	bin 34
bei 29	bing 34
ben 31	bo 36
beng 31	bu 38

C

ca 40	chi 51
cai 40	chong 72
can 42	chou 72
cang 42	chu 73
cao 43	chuai 75
ce 44	chuan 75
cha 44	chuang 76
chai 45	chui 77
chan 45	chun 77
chang 46	ci 78
chao 47	cong 78
che 48	cu 78
chen 49	cui 79
cheng 49	cuo 79

D

da 80	die 94
dai 87	ding 94
dan 88	diu 95
dang 89	dong 95
dao 89	dou 96
de 91	du 98
deng 91	duan 99
di 92	dui 101
dian 92	dun 102
diao 93	duo 102

歇后语大全

E

e	103	er	104

F

fa	107	fen	110
fan	107	feng	111
fang	108	fo	113
fei	109	fu	113

G

ga	115	gou	123
gai	115	gu	125
gan	115	gua	126
gang	117	guai	127
gao	118	guan	127
ge	119	guang	130
gei	121	gui	131
gen	121	gun	131
geng	122	guo	131
gong	122		

H

ha	134	hang	137
hai	135	hao	137
han	136	he	139

hei	141	huai	149
heng	142	huan	149
hong	142	huang	149
hou	143	hui	152
hu	145	hun	152
hua	147	huo	152

J

ji	156	jin	170
jia	159	jing	171
jian	161	jiu	173
jiang	162	ju	174
jiao	164	jue	175
jie	169	jun	175

K

kai	176	kou	182
kan	177	ku	184
kang	179	kua	185
kao	179	kuai	185
ke	179	kuang	185
ken	180	kui	186
kong	180	kun	186

L

la	187	lan	189
lai	188	lang	190

lao	191	liu	200
lei	196	long	201
leng	197	lou	202
li	197	lu	202
lian	197	lü	203
liang	198	luan	203
lie	200	lun	203
lin	200	luo	204
ling	200		

M

ma	206	meng	214
mai	209	mi	215
man	211	mian	216
mang	211	miao	216
mao	212	mo	217
mei	213	mu	217
men	214		

N

na	220	nian	224
nai	221	niang	224
nan	221	niao	224
nao	222	nie	225
ne	222	niu	225
nen	222	nong	226
ni	223	nü	227

歇后语大全

O

ou 228

P

pa	229	pi	231
pai	229	pian	232
pan	230	pin	232
pang	230	ping	232
pao	230	po	232
pen	230	pou	233
peng	231	pu	234

Q

qi	235	qing	240
qian	237	qiong	241
qiang	238	qiu	241
qiao	238	qu	242
qie	239	quan	242
qin	239	que	243

R

ran	244	ri	246
rang	244	rong	246
re	244	rou	246
ren	245	ru	246
reng	246	ruan	247

S

sa	248	shou	269
sai	248	shu	271
san	248	shua	273
sang	253	shuai	274
sao	253	shuan	274
se	254	shuang	274
sen	254	shui	275
sha	254	shun	277
shai	256	shuo	278
shan	256	si	278
shang	258	song	280
shao	259	su	281
she	260	suan	281
shen	261	sui	281
sheng	262	sun	281
shi	263	suo	283

T

ta	284	tie	288
tai	284	tong	289
tan	284	tou	289
tang	285	tu	290
tao	286	tui	291
ti	286	tun	292
tian	287	tuo	292
tiao	288		

W

wa	293	wei	295
wai	293	wen	296
wan	294	wo	296
wang	295	wu	296

X

xi	299	xing	307
xia	300	xiong	307
xian	303	xiu	308
xiang	304	xuan	309
xiao	305	xue	309
xie	306	xun	310
xin	307		

Y

ya	311	ying	323
yan	314	yong	324
yang	316	you	324
yao	317	yu	325
ye	318	yuan	327
yi	319	yue	327
yin	323	yun	328

歇后语大全

Z

za ………………… 329	zhu ………………… 333
zai ………………… 329	zhua ………………… 335
zao ………………… 329	zhuan ………………… 335
zang ………………… 330	zhuang ………………… 336
zhan ………………… 330	zhui ………………… 336
zhang ………………… 330	zhuo ………………… 336
zhao ………………… 331	zi ………………… 336
zhen ………………… 331	zou ………………… 337
zheng ………………… 332	zu ………………… 337
zhi ………………… 332	zuan ………………… 337
zhong ………………… 332	zui ………………… 337
zhou ………………… 333	zuo ………………… 338

歇后语大全

A

a

阿跛踢毽子
——拼命也没用

阿呆捞泥鳅
——跑的跑,溜的溜

阿斗当官
——有名无实

阿斗太子
——扶不起来

阿斗的江山
——白送

阿斗当皇帝
——软弱无能

阿斗式的人物
——没能耐

阿二炒年糕
——费力不讨好

阿二吹笙
——滥竽充数

阿二吃肉
——瞎抓

阿二当官
——名不副实

阿二当郎中
——没人敢请

阿二满街串
——吊儿郎当

阿二钓黄鳝
——勿上钩

阿二敲锣
——有吃有拿

阿尔山的兔子
——有地方躲藏

阿凡提种金子
——难能可贵

阿哥吃面
——瞎抓

阿公吃黄连
——苦也(爷)

阿瞒请客
——珍馐

阿奶抱孙子
——老手
阿婆留胡子
——反常
阿婆的鞋
——老样子
阿庆嫂倒茶
——滴水不漏
阿庆嫂的态度
——不卑不亢
阿姨的面,阿妈的脸
——模样差不多

ai

哀牢山上唱山歌
——起高调
哀牢山上点灯
——高明
哀牢山上放风筝
——起手不低
哀牢山上摔盘子
——不对碴儿
挨着火炉吃辣椒
——里外发烧
挨鞭抽的陀螺
——滴溜溜转
挨刀的瘟鸡
——难活命
挨鞭子不挨棍子
——吃软不吃硬

挨打的狗去咬鸡
——拿别人出气
挨打的乌龟
——缩脖子
挨了打的鸭子
——乱窜
挨打的山鸡
——顾头不顾尾
挨了巴掌赔不是
——奴颜媚骨
挨了棒的狗
——气急败坏
挨了刀的肥猪
——不怕开水烫
挨了刀的皮球
——瘪了
挨了霜的狗尾巴草
——蔫了
挨了公主绣鞋的打
——美事一桩
挨猪八戒的打
——吃了耙的亏
挨揍打呼噜
——假装不知道
矮个贴告示
——紧贴不高
矮脚稻田里的长秆稻
——杂种
矮脚鸡婆
——飞不了鸡
矮人看戏
——随声附和

矮人看场
　　——所见无几
矮子坐在后面看戏
　　——随人家喝彩
矮树杈子
　　——成不了材
矮子打狼
　　——光喊不上
矮子倒水
　　——就那么高水平
矮子想登天
　　——妄想
矮梯子上高房
　　——搭不上言(檐)
矮子穿高跟鞋
　　——高也有限
矮子放风筝
　　——节节上升
矮子放屁
　　——低声下气
矮夫矬妻
　　——各有短处
矮子不吃馒头
　　——想高(糕)
矮子踩高跷
　　——取长补短
矮子穿长袍
　　——拖拖拉拉
矮子穿木屐
　　——自高自大
矮子打呵欠
　　——气儿不长

矮子打墙
　　——只有一半
矮子跟着长子(身材高的人)走
　　——多跑几步路
矮子面前说短话
　　——惹人多
矮子排队
　　——倒数第一
矮子推掌
　　——出手不高
矮子过河
　　——安(淹)心
矮子看戏
　　——听声
矮子里面拔将军
　　——短中取长
矮子爬楼梯
　　——巴不得
矮子爬坡
　　——步步高升
矮子婆娘
　　——见识低
矮子骑大马
　　——上下为难
矮子想登天
　　——不知天高地厚
矮子坐高凳
　　——上下够不着
艾窝窝打金钱眼儿
　　——焉有准儿
爱打官司逞英雄
　　——穷斗气

爱吃香的有腊肠,爱吃甜的有蜜糖
——对味
爱打半边鼓
——旁敲侧击
爱叫的鸟
——不做窝
爱赌贪花好喝酒
——自己弄穷
爱好跳伞
——喜从天降
爱喝酒的不给烟
——投其所好
爱克斯光照人
——把你看透了
爱买红绿颜料
——贪色

an

安伯伯遇到安伯娘
——安安合适
安哥拉兔串门子
——你算啥家伙
安眠药吃过量
——醒不过来
安葬埋假棺
——哄活人
安禄山起兵
——反了
庵堂不叫庵堂
——庙
庵堂里的耗子落在鼓里
——蒙着头挨揍
庵堂里的木鱼
——任人敲打
庵庙里的尼姑
——没福(夫)
鹌鹑要吃树上果
——想得倒美
鹌鹑要吃红樱桃
——想得美
鹌鹑蛋泻黄
——小坏蛋
鹌鹑的尾巴
——不长
犴达犴和香鼠子比绒毛
——不知害羞
犴达犴的鼻
——贵重
岸边的垂柳
——围河(为何)
岸上网鱼
——网网空
岸上看人溺水
——见死不救
岸边的青蛙
——一触即跳
岸上捞月
——白费工夫
按别人的脚码买鞋
——生搬硬套
按彩球的乞丐
——高兴得发傻

按方抓药
　　——照办
按老方子吃药
　　——还是老一套
按着脑袋往火炕里钻
　　——憋气窝火
按鸡头啄米
　　——白费心机
按牛头喝水
　　——办不到

按下葫芦起了瓢
　　——顾了这头丢那头
按着葫芦挖籽儿
　　——挖一个少一个
案板顶门
　　——管得宽
案板上的擀面杖
　　——光棍一条
案板上的肉
　　——任人宰割

案板底下放风筝
　　——飞不起来
案板上的狗肉
　　——上不了席
案板上砍骨头
　　——干干脆脆
案板上的鱼
　　——挨刀的货
暗地里盯梢
　　——偷偷摸摸
暗地里耍拳
　　——瞎打一阵
暗室里穿针
　　——难过
暗中使绊子
　　——蔫儿坏
暗洞里裹脚
　　——瞎缠
暗锁加明锁
　　——层层设防
暗滩上行船
　　——危险性大

ang

肮脏他娘哭一夜
　　——肮脏死啦

ao

熬尽了灯油
　　——烧心(芯)
鏊子上烙冰
　　——化汤了
鏊子里摊饼
　　——不敢(擀)
鏊子上烙饼
　　——翻来翻去
熬豆腐买江边田
　　——火里来水里去
袄袖里吞棒褌
　　——直出直入
袄袖里放斧头
　　——出手就砍
袄袖里失火
　　——抖搂不了
袄子没绷线
　　——搞到夹层里去

B

ba

八八六十八
　　——算错账了
八八六十五
　　——满嘴胡嚼
八百亩地的一棵苗
　　——独生
八百年的枫树蔸
　　——顽固不化
八百吊钱掉井里
　　——难摸哪一吊
八百年前立的旗杆
　　——老光棍
八百铜钱穿一串
　　——不成调（吊）
八百钱开当铺
　　——支撑不久
八磅大锤钉钉子
　　——稳扎稳打

八宝饭掺糨糊
　　——糊涂到儿了
八宝饭里撒盐巴
　　——又添一味
八宝饭上撒胡椒
　　——又添一味
八宝鸡子
　　——好的在里头
八宝山上挑八宝
　　——越挑越眼花
八辈子的老陈账
　　——说不清
八尺沟滨六尺跳板
　　——搭不上
八尺斗的木桶
　　——高筲
八尺布剪单衫
　　——只大不小
八尺布截两下
　　——四尺一块
八寸脚穿七寸鞋
　　——别扭

八斗的小垂缸
　　——装不下一石
八哥啄柿子
　　——拣软的欺
八哥的嘴
　　——爱叫
八哥的嘴巴
　　——能说不能干
八哥的嘴巴
　　——专说二话
八哥学舌
　　——装人腔
八个耗子闯狼窝
　　——好戏在后头
八个老汉划拳
　　——三令五申(伸)
八个钱算命
　　——哪能包你
八个钱买碗馄饨
　　——没有面
八个歪脖坐一桌
　　——谁也不正眼看谁
八个麻雀抬轿子
　　——担当不起
八个尿壶摆一桌
　　——一圈撅撅嘴
八个偏头坐一起
　　——谁也瞧不起(齐)谁
八个坛子七个盖
　　——不够数
八个瓶子七个盖
　　——缺一个

八个钱的膏药
　　——光会粘人
八个人抬大轿
　　——步调一致
八个铜钱放两处
　　——斯(四)文,斯(四)文

八股文的格式
　　——千篇一律
八卦炉里睡觉
　　——热气腾腾
八卦阵里骑马
　　——闯不出路子
八虎闯幽州
　　——死的死,丢的丢
八级工学技术
　　——精益求精
八级泥水匠
　　——抹得平
八级泥瓦匠
　　——抹光墙
八级师傅学手艺
　　——长到老,学到老
八角掉进粪坑里
　　——香臭不分

八斤半的鳖吞了大秤砣
　　——狠心王八
八斤半的王八中状元
　　——规矩(龟举)不小
八匹马拉不开
　　——难分难解
八十个人抬轿子
　　——好威风
八十老汉害个摇头病
　　——由不得人
八十岁老太学吹打
　　——上气不接下气
八十岁奶奶搽胭脂
　　——老来俏
八十岁比高低
　　——老当益壮
八十岁吹喇叭
　　——寿长气短
八十岁的阿婆
　　——老掉牙了
八十岁公公耍猴子
　　——老把戏
八十岁考状元
　　——人老心不老
八十岁老人进幼儿园
　　——返老还童
八十老翁练琵琶
　　——老生常谈(弹)
八十老翁学打拳
　　——越练越结实
八十老翁学手艺
　　——老来发奋

八十岁的老绝户头
　　——后继无人
八十岁刮胡子
　　——不服老
八十岁老翁挑担子
　　——心有余而力不足
八十岁留胡子
　　——老主意
八十岁没儿女
　　——老来孤单
八十岁生儿子
　　——代代落后
八十岁跳舞
　　——老天真
八十岁学吹笛
　　——尽是老调
八十岁学摔打
　　——拼老命
八十岁演员扮孩子
　　——返老还童
八十岁站柜台
　　——老在行
八五炮打兔子
　　——得不偿失
八仙过海
　　——各显神通
八仙聚会
　　——神聊
八仙桌子盖酒坛
　　——大材小用
八仙桌缺只腿
　　——搁不平

八仙桌上放灯盏
——明摆着
八仙吹喇叭
——神气活现
八仙施法
——都有上天的本领
八仙桌打掌子
——四平八稳
八仙桌当井盖
——随得方就得圆
八仙桌子
——有棱有角
八仙桌上摆夜壶
——不是个盛酒的家伙
八贤王进宫
——好难请
八月的苦瓜
——心里红
八月的莲藕
——又鲜又嫩
八月的石榴
——满脑袋的点子
八月八的蚊子
——嘴头子厉害
八月半的月亮
——圆圆滚滚
八月的核桃
——满仁
八月的花椒
——龇牙咧嘴的
八月的栗子
——爱张口

八月的葡萄
——成串的
八月的石榴
——合不上嘴
八月的丝瓜
——黑心
八月的天气
——一会儿晴，一会儿阴
八月的柿子
——越老越红
八月桂花开
——到处飘香
八月里的黄瓜棚
——空架子
八月十五吃年饭
——还早哩
八月十五吃元宵
——与众不同
八月十五吃粽子
——不是时候
八月十五的月饼
——人人喜欢
八月十五的月亮
——分外明
八月十五的月亮
——年年都一样
八月十五桂花香
——花好月圆
八月十五过端阳
——晚了
八月十五过年
——差远了

八月十五看龙灯
　　——晚了大半年
八月十五生孩子
　　——赶巧了
八月十五送月饼
　　——赶在节上
八月十五云遮月
　　——扫兴
八月十五蒸年糕
　　——趁早(枣)
八月十五种花生
　　——瞎指挥
八月十五打兔子
　　——差远了
八月十五磨年面
　　——早办
八月十五涨大潮
　　——后浪推前浪
八只脚的螃蟹
　　——横行霸道
八字写一撇
　　——少一半
八字不见一撇
　　——没眉目
巴掌长疮
　　——毒手
巴掌打空气
　　——劳而无功
巴掌蒙眼睛
　　——其实遮不住天
巴掌劈砖头
　　——硬功夫

巴掌被蚊咬
　　——手痒
巴掌里画佛
　　——收手
巴掌上生毛
　　——老手
巴掌捧生姜
　　——辣手
巴掌上打屋基
　　——小本买卖
巴掌穿鞋
　　——行不通
巴掌上摊煎饼
　　——巧手
巴儿狗朝着城墙咬
　　——哪块砖是你的
巴儿狗吃月亮
　　——不知从哪儿下口
巴儿狗戴串铃
　　——混充大牲口
巴儿狗掉屎窖
　　——叼两口
巴儿狗看门
　　——冒充大狗
巴儿狗挂钥匙
　　——头摇尾巴晃
巴儿狗上墙头
　　——紧往上抓挠
巴儿狗掀门帘
　　——全仗一张嘴了
巴儿狗钻灶坑
　　——一身娇(焦)毛

巴儿狗蹲墙头
——硬装坐地虎
巴儿狗咬月亮
——不知天多高
扒了皮的癞蛤蟆
——活着讨厌,死了还吓人
扒了墙的庙
——慌了神
扒了光腚上屋脊
——对不住四邻
扒了皮的癞蛤蟆
——心不死
扒在磨子上睡觉
——想转了
扒着锅沿喝稀饭
——不等盛
扒着马腚亲嘴
——不知道香臭
扒着软梯上天
——高攀
芭蕉秆上轮船
——不是好货
芭蕉秆做的柱
——经不起锤子
芭蕉秆做桩子
——经不起敲打
芭蕉结果
——紧相抱
芭蕉开花
——紧相连
芭蕉结果
——一条心(芯)

芭蕉开花
——一条心(芯)
芭蕉敲鼓
——面面俱到
芭蕉敲锣
——面面点到
芭蕉叶上的露水
——不长久
芭蕉叶上的鸟蛋
——好景不长
芭蕉叶上垒鸟窝
——好景不长
芭蕉插在古树上
——粗枝大叶
芭芒草做屋梁
——无用之材
芭王开花
——无结果
疤鬼对丑怪
——一对坏
疤痢眼儿做梦娶西施
——想得美
疤痢眼儿照镜子
——自找难看
疤上生疮
——根底坏
疤痢眼儿长疮
——坏到一块了
芭壁挂团鱼
——四爪不着地
拔草引蛇
——自讨苦吃

拔出来的小苗
　　——蔫了
拔了萝卜栽葱
　　——一茬比一茬辣
拔掉胡子上吊
　　——须惊
拔掉屋檐卖柴
　　——穷得想不出好办法
拔掉屋檐卖柴
　　——穷极了
拔锅起灶
　　——一干二净
拔荷花拽出藕来
　　——抠到根上了
拔脚花狸猫
　　——溜啦
拔脚花狸猫
　　——说跑就跑
拔节的高粱
　　——节节高
拔节的玉米
　　——步步高升
拔节的竹笋
　　——天天向上
拔颗钉子倒堵墙
　　——因小失大
拔了大蒜栽洋芋
　　——一窝还一窝
拔了姜栽大蒜
　　——辣侄
拔了萝卜
　　——窟窿

拔了萝卜
　　——窟窿多
拔了萝卜
　　——窟窿在
拔了萝卜窟窿在
　　——有根有据
拔了萝卜有个坑
　　——没有白费力
拔了萝卜栽大葱
　　——一样换一样
拔了毛的长脚雁
　　——奇丑无比
拔了毛的鸽子
　　——看你怎么飞
拔了毛的狮子
　　——惹猴笑
拔了塞子不淌水
　　——死心眼儿
拔了蒜栽葱
　　——离不了辣味
拔了眼毛走远道
　　——轻装不了多少
拔了桩的篱笆
　　——七倒八歪
拔萝卜填土
　　——补空
拔苗助长
　　——好心肠办坏事
拔脱插头的喇叭
　　——一声不响
拔葱种海椒
　　——一茬比一茬辣

拔了的闹钟
　　——专做提醒人的事
拔了萝卜栽上葱
　　——一茬比一茬辣
拔了毛的凤凰
　　——不如鸡
拔了毛的鸽子
　　——飞不了
拔苗助长
　　——急于求成
把鼻涕往脸上抹
　　——自找难看
把肥料浇到莠草上
　　——劳而无功
把脸装进裤裆里
　　——见不得人
把人赶到墙根下
　　——走投无路
把娃娃当猴耍
　　——愚弄人
把妖魔当成菩萨
　　——善恶不分
把棒呼狗
　　——必不来

把鼻涕来沾靴底
　　——不算胶
把别人的棺材抬到自家哭
　　——孝敬得出了谱
把锅铲柄当成锹把
　　——安错了地方
把好心挂在鼻子上
　　——专给别人看
把家搬到坟地里
　　——与鬼为邻
把狼羔送到羊窝里
　　——不改性
把狼关进羊群里
　　——自讨苦吃
把手插在磨眼里
　　——自讨苦吃
把老虎当马骑
　　——有气魄
把镰刀挂脖子上
　　——找着不自在
把龙袍当蓑衣
　　——白糟蹋
把两只脚塞进一只靴子里
　　——穷途末路
把棉花搓成线
　　——纺一纺
把命系在布头儿上
　　——豁出去了
把墨水喝到肚子里
　　——五脏黑透了
把脑袋伸进老虎嘴
　　——没命了

把牛角安在驴头上
——四不像
把狍子逼急了
——回头咬人
把皮鞋当帽子戴
——不分上下
把上衣的料用来做裤子
——没有计划
把屎揣到怀里
——专要臭味
把守山门的哼哈二将
——不镇庙还吓人
把糖抹在鼻尖儿上
——想舔舔不着
把套马杆交给贼
——帮了坏人
把妖魔当成菩萨拜
——害己又害人
把萤火虫看成月亮
——大惊小怪
把珍珠当泥丸
——不识货
把状元关到门背后
——埋没了人才
靶场上的人头
——干等着挨打
靶子上的洞眼
——明摆着
靶子上看箭
——比结果
靶场上的老黄忠
——百发百中

坝上的镰刀
——揽得宽
坝下赶会
——口上热闹
霸王被围
——四面楚歌
霸王的弓
——越拉越紧
霸王鞭
——越使越硬
霸王的兵
——散啦
霸王的兵
——勇往直前
霸王的弓
——一个劲儿
霸王的弓
——越拉越长
霸王敬酒
——干也得干,不干也得干
霸王请客
——吃也得吃,不吃也要吃
霸王突围
——单枪匹马
霸王别姬
——奈何不得

bai

白班子演戏
——陪衬

白笔画白墙
——画与不画一个样
白脖子的屎壳郎
——和别的两样
白毛乌鸦
——与众不同
白鸦鸽抱老鹰
——要你的命
白布掉到染缸里
——提到黄河洗不清
白布掉进染缸
——洗不清白
白布掉在染缸里
——洗不净
白布跌油桶
——洗不净
白布落进青缸里
——跳进黄河也洗不净
白布染上黑色
——难洗净
白布染上红颜色
——难洗净
白布掉进靛缸里
——分外出色
白布掉进染缸里
——变颜色
白布丢在染缸里
——蓝了
白布蘸墨印
——一是一,二是二
白布上的蓝靛
——明明白白

白墙上的黑字
——明明白白
白纸上写黑字
——明明朗朗
白布上盖墨印
——黑白分明
白纸黑字
——黑白分明
白布做的衣服
——不青
白布做棉袄
——反正都是里(理)
白菜熬豆腐
——甭想揩油
白菜熬豆腐
——清清白白
白菜熬豆腐
——谁也不沾谁的光
白菜帮子
——中看不中吃
白菜帮子
——两瓣心
白菜剥心
——一层层
白菜地里耍镰刀
——散了心
白菜上的虫
——一股子青菜屎
白菜叶上浇粪水
——没一片是干净的
白菜叶子炒大葱
——青上加青(亲上加亲)

白菜煮柿子
　　——给点颜色看
白场上乘凉
　　——影头也没有
白瓷壶
　　——有口无心
白刀子进红刀子出
　　——打他个干脆
白纸写黑字
　　——改不了
白碟子里盛水
　　——一眼看到底
白肚子老鼠搬家
　　——山遭殃
白缎子的补丁
　　——补到哪里哪里白
白鹅过河
　　——各顾各(咯咕咯)
白二的哥哥
　　——白搭(大)
白发老头吃白米线
　　——越扯越长
白费火药
　　——放空枪
白干兑凉水
　　——乏味
白鸽眼
　　——望高不望低
白鸽子放屁
　　——多此一举
白鸽子过河
　　——沉了下去

白狗嘴里进,灰狗口中出
　　——信口雌黄
白骨精扮新娘
　　——妖里妖气
白骨精变美人
　　——骗不了人
白骨精耍跟头
　　——鬼把戏
白骨精给唐僧磕头
　　——假心假意
白骨精给唐僧送饭
　　——虚情假意
白骨精给唐僧送饭
　　——没安好心
白骨精化美女
　　——人面鬼心
白骨精遇上孙悟空
　　——原形毕露
白骨精叫阵
　　——这回看猴哥的了
白骨精她妈
　　——老妖精
白骨精骗孙悟空
　　——哄不住
白骨精骗唐僧
　　——一计不成,又生一计
白骨精请客
　　——尽是妖
白骨精说人话
　　——妖言惑众
白骨精演说
　　——妖言惑众

歇后语大全

17

白骨精送饭
——有野心

白骨精想吃唐僧肉
——痴心妄想

白瓜子皮喂牲口
——不是好料

白鹤叨雨帽
——砰砰响

白鹤掉泪
——想鱼

白鹤跌沙滩
——拿嘴撑着

白鹤黑尾巴
——美中不足

白鹤长了个秃尾巴
——美中不足

白鹤口含蓝靛草
——口青心不青

白鹤站在鸡群里
——高出一头

白鹤站在花篮上
——有鱼也不敢进

白鹤站在鸡群里
——数它突出

白鹤啄蚌壳
——想脱不得脱

白虎星进门
——大祸临头

白灰店里买眼药
——找错了门

白灰墙上的墨水
——污点

白灰墙上挂帘子
——没门

白脚布里的白虱
——老角色(脚虱)

白脚花狸猫
——吃罢就要跑

白脚花狸猫
——说跑就跑

白颈项乌鸦
——开口没好音

白酒混在冷水里
——谁也搞不清

白酒泼在蜘蛛网上
——醉(罪)不容蛛(诛)

白开水画画
——轻(清)描淡写

白开水泡雪
——冷淡

白开水调菜
——无味

白开水煮冬瓜
——淡而无味

白水煮白菜
——淡而无味

白水煮豆腐
——淡而无味

白水煮萝卜
——没有味道

白开水煮冬瓜
——没多大油水

白蜡树接桂花
——根骨不正

白蜡条上接桂花
——根子不正

白脸蛋上打粉
——可有可无

白脸奸臣出场
——恶相

白脸狼穿西服
——装文明人

白脸狼戴草帽
——变不了人

白脸狼戴眼镜
——变不了人

白脸狼戴草帽
——假装好人

白脸狼戴眼镜
——充好人

白了胡子的人
——寿限不多

白尾巴尖的狐狸
——老奸巨猾

白羚羊的肚子
——见不着阳光(面)

白鹭鸶找鱼虾
——嘴长

白萝卜掉进油锅里
——烧了个大黑脸

白萝卜献佛爷
——也是敬心

白萝卜扎刀子
——不出血

白萝卜挖小人
——菜稀子

白萝卜紫皮蒜
——辣嘴

白麻纸上坟
——骗鬼

白马河的潮水
——涨得凶猛

白马桥上钓鱼
——差老大一截子

白马糖
——绵扯扯的

白蚂蚁
——好厉害的嘴

白蚂蚁
——嘴硬屁股软

白蚁落油锅
——口硬屁股软

白猫钻灶坑
——自己给自己抹黑

白毛狐理掀礼帽
——道行不小

《白门楼》的吕布
——能活多久

《白门楼》上绑吕布
——叫爷也不饶

白米换糠
——有福不会享

白面掺蒺藜
——没法和了

白面掺石灰
——瞎掺和

白娘娘吃了雄黄酒
——头昏脑涨

白娘娘斗法海
——精打光
白素贞哭断桥
——想起了旧情
白娘子水漫金山
——大动干戈
白娘子压在雷峰塔下
——总有人搭救
白藕绿叶荷花
——原来是一家
白盘子里拌萝卜丝
——明摆着
白纸上画黑道
——明摆着
白纸上写黑字
——明摆着的
白漆灯笼
——空白
白墙写黑字
——清清楚楚
白纸上画黑道
——一清二楚
白求恩治病
——满腔热忱
白衫放进桐油缸
——满身污油洗不清
白蛇不过端阳节
——怕现形迹
白市驿的板鸭
——干绷
白水冲酱油
——越来越淡

白水锅里揭豆腐皮
——办不到
白水里揭皮
——做不到
白水里揭奶皮子
——白费劲
白水下石膏
——成不了豆腐
白水做饭
——无米之炊
白素贞不舍许仙
——恩爱难丢
白素贞盗灵芝草
——舍命不舍夫
白素贞借伞
——一见钟情
白炭火烤胸膛
——心焦
白糖蘸蜂蜜
——甜上加甜
白糖拌黄瓜
——甘(干)
白糖拌黄瓜
——甘甘(干干)脆脆
白糖拌苦瓜
——有苦有甜
白糖卤苦瓜
——又苦又甜
白糖拌苦瓜
——同甘共苦
白糖包大葱
——皮甜心里辣

白糖包砒霜
——毒在里面
白糖嘴巴刀子心
——口蜜腹剑
白糖泡蜜果
——吃在嘴里,甜在心里
白糖涂在鼻尖上
——看到吃不到
白天出星星
——没有的事
白天捉鬼
——没影子的事
白天打灯笼
——白搭(打)
白天的猫头鹰
——睁眼瞎
白天的萤火虫
——不亮
白天点灯
——多此一举
白天盼月亮
——甭想
白天烧香,晚上逾墙
——伪君子
白天烧香,晚上逾墙
——阴一套,阳一套
白天掏蜜
——招蜂子叮
白天照电筒
——多事
白铁打的刀刃
——一碰就卷

白杨树叶子
——两面光
白铁匠戴眼镜
——看透了
白兔子打洞遇树根
——没招了
白兔子想吃灵芝草
——两眼都急红了
白鹇鸟走过的路径
——规规矩矩
白蟹进洞
——只有等死
白鸭替鹅死
——冤枉
白杨树种在花园里
——占了好地方
白衣相公扇白扇
——爱风流
白衣秀士当寨主
——不能容人
白蚁王后
——见不得太阳
白蚁蛀观音
——金身难保
白蚁蛀石柱
——无坏可使
白蚁钻过的料
——坏透了
白蚁钻心
——暗里使坏
白银子碰着黑眼睛
——见财起意

歇后语大全

21

白银子掷人
——人(银)打人
白纸糊窗子
——亮堂
白纸画黑道
——谁画谁知道
白纸上画黑道
——抹不掉
白纸上写黑字
——赖不掉
白纸里头包杨梅
——显出颜色
白脖老鸹
——开口是祸
白脖子屎壳郎
——与众不同
白虎进门
——大难临头
白蜡杆子翻场
——独挑
白蜡做的心
——见不得日头,见不得火
白脸奸臣出场
——恶相
白毛乌鸦
——与众不同
白娘子遇许仙
——千里姻缘一线牵
白日见鬼
——玄乎
白日做梦
——胡思乱想

白铁斧头
——两面光
白纸做的灯笼
——一点就亮
百尺竿头挂剪刀
——高才(裁)
百川归海
——大势所趋

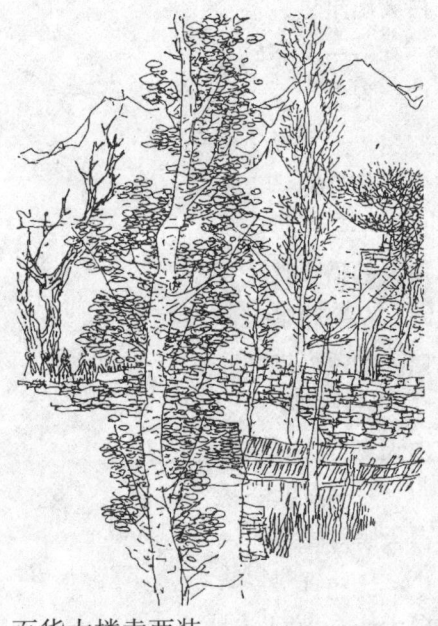

百货大楼卖西装
——一套一套的
百货店里卖鞋袜
——各有尺码
百斤担子加铁砣
——重任在肩
百斤面蒸寿桃
——废物点心
百斤重担能上肩,一两笔杆提不动
——大老粗

百里草原一人家
　　——孤孤单单
百里奚认妻
　　——位高不忘旧情
百里奚饲牛拜相
　　——人不可貌相
百灵戏牡丹
　　——鸟语花香
白灵子过河
　　——沉不了底
百米赛跑
　　——分秒必争
百年松树,五月芭蕉
　　——粗枝大叶
百日不下雨
　　——久晴(情)
百岁公公吹火
　　——老气
百万雄师下江南
　　——兴师动众
百丈高竿挂红灯
　　——红到顶了
柏木椽子
　　——宁折不弯
柏油烫猪头
　　——连根拔
败家子回头
　　——金不换
败将收残兵
　　——重整旗鼓
拜把子兄弟开茧店
　　——结党营私(丝)

拜年的嘴巴
　　——尽说好话
拜旨走进吕祖庙
　　——走错门了

ban

扳不倒骑兔子
　　——不稳当
扳不倒坐到烧饼上
　　——面上人
扳倒碓窝吓婆婆
　　——泼妇
扳倒葫芦洒了油
　　——一不做,二不休
扳着炉子烤头发
　　——了(燎)不得
扳着指头算账
　　——有数
班房里的衙役
　　——听差的
斑鸠抱窝
　　——悬蛋
斑马的脑袋
　　——头头是道
斑鸠打架
　　——卖弄风流
搬菩萨洗澡
　　——越弄越糟
搬起石磙砸碾盘
　　——实(石)打实(石)

搬石头打天
　　——自不量力
板凳倒立
　　——四脚朝天
板凳上放鸡蛋
　　——不可靠
板凳上搁蒺藜
　　——坐不住
板凳上睡觉
　　——翻不了身
板凳上玩麻将
　　——打不开场面
板凳上钻窟窿
　　——有板有眼
板斧劈柴
　　——一面砍
板门上贴门神
　　——一个向东,一个向西
板上的泥鳅
　　——无处藏身
板上钉钉子
　　——实实在在
板上敲钉子
　　——稳扎稳打
半边羊头
　　——独角
半边猪头
　　——独眼
半道上捡个喇叭
　　——有吹的了
半吊子的一半
　　——二百五

半个铜钱
　　——不成方圆
半截砖头
　　——甩了
半斤对八两
　　——一码事
半斤对八两
　　——不相上下
半斤放在四两上
　　——翘得高
半空的云彩
　　——变化多端
半空中打把式
　　——栽个大跟头
半空中的火把
　　——高明
半空中的气球
　　——上不着天,下不着地
半空中放爆竹
　　——想(响)得高
半空中盖房子
　　——没处落脚
半空中赶牲口
　　——露马脚
半空中挂蒺藜
　　——讽(风)刺
半空中挂剪刀
　　——高才(裁)
半空中骑马
　　——腾云驾雾
半空中数指头
　　——算得高

半拉瓜子
　　　——不算个人(仁)
半篮子喜鹊
　　　——唧唧喳喳
半路开小差
　　　——有始无终
半路上的新闻
　　　——道听途说
半路上丢算盘
　　　——失算了
半路上留客
　　　——口上热闹

半路上杀出个程咬金
　　　——出了岔
半瓶子醋
　　　——乱晃荡

半山崖的观音
　　　——老实(石)人
半山腰倒恶水
　　　——下流
半天云里踩钢丝
　　　——提心吊胆
半天云里出亮星
　　　——吉星高照
半天云里吹唢呐
　　　——想(响)得高
半天云里的雨
　　　——成不了气候
半天云里吊口袋
　　　——装疯(风)
半天云里翻账簿
　　　——算得高
半天云里看厮杀
　　　——袖手旁观
半天云里拉家常
　　　——空谈
半天云里飘气球
　　　——没着落
半天云里骑仙鹤
　　　——远走高飞
半天云里做衣服
　　　——高才(裁)
半天云中拍巴掌
　　　——高手
半夜吃黄瓜
　　　——摸不着头尾
半夜吃烧鸡
　　　——思思想想(撕撕响响)

歇后语大全

半夜弹琴
　　——暗中作乐
半夜鸡叫
　　——乱了时辰
半夜叫大姑娘的门
　　——来者不善
半夜里的被窝
　　——正在热乎劲上
半夜里的寡妇
　　——难过
半夜里和面
　　——瞎鼓捣
半夜里抡大斧
　　——瞎侃(砍)一通
半夜里捉迷藏
　　——摸不着
半夜聊天
　　——瞎说
半夜起来穿衣服
　　——为时过早
半夜敲门心不惊
　　——问心无愧
半夜下雨
　　——不知下落
半夜做噩梦
　　——虚惊一场
半夜做梦啃猪蹄
　　——尽想好事
半夜做梦娶新娘
　　——尽想好事
扮秦桧的没卸妆
　　——谁没见过那二花脸
扮猪吃老虎
　　——大智若愚
绊倒趴在粪池边
　　——离死(屎)不远

bang

膀子一甩
　　——不干了
蚌里藏珍珠
　　——好的在里面
棒槌吹火
　　——一窍不通
棒槌打缸
　　——四分五裂
棒槌当针
　　——粗细不分
棒槌改蜡烛
　　——粗心
棒槌进城
　　——成精作怪
棒槌里插针
　　——粗中有细
棒槌敲竹筒
　　——空想(响)
棒槌上天
　　——总有一天落地
棒打鸭子
　　——刮刮(呱呱)叫
棒打鸳鸯
　　——难分开

棒子里做蛋糕
——不是正经材料
棒子面煮葫芦
——糊糊涂涂
棒子面煮鸡子儿
——糊涂蛋

bao

包办的婚姻
——身不由己
包单布洗脸
——大方
包公的尚方宝剑
——先斩后奏
包公的铡刀
——不认人
包公断案
——认理不认人
包公放粮
——为穷人着想
包公杀亲侄
——先治其内,后治其外
包公审案子
——铁面无私
包公铡皇亲
——法不容人
包脚布上飞机
——一步(布)登天
包脚布上生虱子
——好角(脚)色(虱)

包脚布做鞭子
——文(闻)不能文(闻),武(舞)不能武(舞)
包脚布做夹扣子
——又臭又硬
包脚布做围脖
——臭一圈儿
包元宵的做烙饼
——多面手
包子吃到豆沙边
——尝到甜头
包子咧嘴
——美出馅了
包子熟了不揭锅
——窝气
包子张嘴
——露馅
苞谷棒子生虫
——专(钻)心
苞谷面糊
——没多大油水
雹子砸了棉花棵
——光杆司令
宝囊里取物
——手到擒来
宝塔顶上的宝葫芦
——尖上拔尖
饱带干粮晴带伞
——有备无患
保险柜挂大锁
——万无一失

歇后语大全

27

保险柜里安雷管
　　——暗藏杀机
报国寺里卖骆驼
　　——没有那个事(寺)
报时的雄鸡
　　——不用催
报纸上的社论
　　——句句讲真理
抱黄连敲门
　　——苦到家了
抱鸡婆长胡子
　　——窝里老
抱鸡婆打摆子
　　——窝里颤(战)
抱紧肚子装饱汉
　　——空虚
抱木头跳江
　　——不成(沉)
抱菩萨洗澡
　　——淘神
抱元宝跳井
　　——舍命不舍财
抱在怀里的西瓜
　　——十拿九稳
抱着茶壶喝水
　　——嘴对嘴
抱着灯芯救火
　　——惹火烧身
抱着擀面杖当笙吹
　　——一窍不通
抱着孩子拜天地
　　——双喜临门

抱着葫芦不开瓢
　　——死脑筋
抱着黄连做生意
　　——苦心经营

抱着金砖挨饿
　　——活该
抱着蜡烛取暖
　　——无济于事
抱着木棍推磨
　　——死转圈儿
抱着琵琶跳井
　　——越谈(弹)越深
抱着钱匣子睡觉
　　——财迷心窍
抱着石头跳深渊
　　——死不回头
抱着铁耙子亲嘴
　　——自找钉子碰

抱着香炉打喷嚏
　　——触一鼻子灰
豹子吃马鹿
　　——好大的胃口
豹子进山
　　——浑身是胆
鲍叔识管仲
　　——知心
暴风雨中的航船
　　——顶风破浪
暴雨前的闪电
　　——大发雷霆
爆米花沏茶
　　——泡汤了
爆竹店里夫人
　　——热闹
爆竹脾气
　　——一点就着

bei

杯弓蛇影
　　——自相惊扰
杯水车薪
　　——无济于事
北京的萝卜
　　——心里美
北门外开米店
　　——外行
背鼎锅上山
　　——吃不住劲

背篓里头摇锣鼓
　　——乱想(响)
背鼓进祠堂
　　——一副挨打的相
背鼓追槌
　　——自讨打
背后藏茄子
　　——有外心
背后挂胡琴
　　——拉不着
背后拉弓
　　——暗箭伤人
背后作揖
　　——反礼
背集摆摊子
　　——外行
背靠背睡觉
　　——体贴人
背门板上街
　　——好大的牌子
背菩萨下河
　　——淘神
背人偷酒喝
　　——冷暖自知
背石头上山
　　——自找麻烦
背石头下河
　　——摸底
背手上鸡窝
　　——不简单(捡蛋)
背水作战
　　——断了后路

背媳妇过独木桥
　　——又惊又喜
背阳坡上的太阳
　　——不长久
背油桶救人
　　——引火烧身
背着醋罐子讨饭
　　——穷酸
背着粪筐上银行
　　——臭钱
背着粪篓满街串
　　——找死(屎)
背着棺材上战场
　　——往最坏处想
背着哈哈镜走路
　　——不怕后人见笑
背着黑锅做人
　　——直不起腰
背着喇叭赶集
　　——揽差事
背着灵牌上火线
　　——要拼命
背着棉絮过河
　　——越背越重
背着手爬泰山
　　——步步高升
背着唢呐坐飞机
　　——吹上天了
背着梯子骂街
　　——发贼横
背着娃娃推磨
　　——添人不添劲

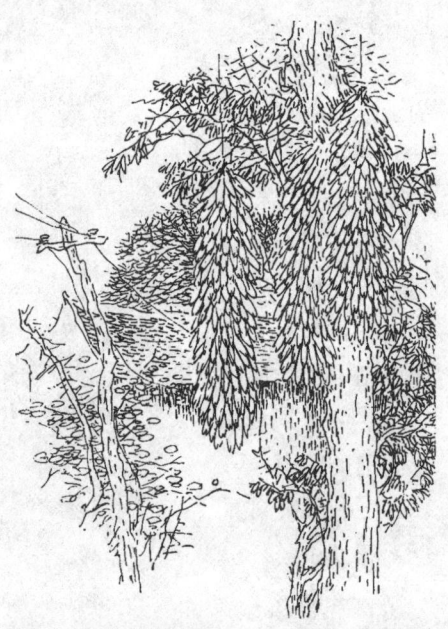

被虫子咬过的果实
　　——未老先衰
被猎人追赶的金鹿
　　——慌里慌张
被埋没的陶俑
　　——永无出头之日
被面上刺绣
　　——锦上添花
被窝里不见了针
　　——不是婆婆就是孙
被窝里放收音机
　　——自得其乐
被窝里划拳
　　——没掺外手
被窝里磨牙
　　——怀恨在心
被窝里伸出一只脚
　　——你算老几

被窝里踢皮球
——不见起
被窝里养老虎
——留下祸根
被窝里捉跳蚤
——瞎抓

ben

笨狗撵兔子
——不沾边
笨姑娘纳鞋底
——坑坑洼洼
笨驴子过桥
——步步难
笨牛吃麻雀
——不好捉弄
笨鸭子
——上不了架
笨贼偷法官
——自投罗网

beng

崩了群的马
——四处逃散

bi

逼出来的口供
——信不得
逼楚霸王寻死
——心理战术
逼公鸡下蛋
——故意刁难
逼人跳海
——害人不浅
逼上门的生意
——没有好货
鼻尖上吊镰刀
——挂不住
鼻尖上抹黄连
——苦在眼前
鼻孔喝水
——够呛
鼻孔里长瘤子
——气不顺
鼻孔里的汗毛
——了(燎)不得
鼻梁碰着锅底灰
——触霉头(倒霉)
鼻梁上放菜刀
——好险
鼻梁上挂眼镜
——四平八稳
鼻梁上挂钥匙
——开口

鼻梁上推小车
　　——走投(头)无路
鼻涕流进喉咙里
　　——吃亏沾光没外人
鼻涕往上流
　　——反了
鼻头搽白粉
　　——一副好相
鼻头上摆摊子
　　——眼界宽
鼻头上长犄角
　　——出格
鼻头上挂粪桶
　　——不知香臭
鼻头上抹蜂糖
　　——干馋捞不着
鼻头上耍木偶
　　——面上人
鼻眼里钻跳蚤
　　——好进难出
鼻子里插葱
　　——装相(象)
鼻子里灌醋
　　——酸溜溜的
鼻子上安雷管
　　——眼前就是祸
鼻子上吊秤锤
　　——捣嘴
鼻子上挂秤砣
　　——抬不起头来
鼻子上挂肉
　　——油嘴滑舌

鼻子上冒烟
　　——急在眼前
鼻子下面挂电灯
　　——闻名(明)
比干丞相
　　——没心
比赛场上的运动员
　　——争先恐后
比着被子伸腿
　　——量力而行
笔杆子吞进肚
　　——胸有成竹
闭着眼睛鼓风
　　——瞎吹
闭着眼睛和面
　　——瞎掺和
闭着眼睛哼曲子
　　——心里有谱
闭着眼睛卖布
　　——瞎扯
闭着眼睛摸田螺
　　——瞎碰
闭着眼睛趟河
　　——听天由命
闭着眼睛跳舞
　　——盲目乐观
闭着眼睛训话
　　——瞎说
闭着眼睛走路
　　——净想歪道儿
闭着眼睛走路
　　——瞎摸

歇后语大全

闭着眼睛走南墙
　　——瞎碰
壁虎尾巴
　　——节节活
壁画上的耕牛
　　——不中用
壁上的耕牛
　　——离(犁)不得
壁上挂鬼星
　　——鬼话(画)

bian

蝙蝠看太阳
　　——颠倒黑白
鞭打快牛
　　——忍辱负重
鞭打千里驹
　　——快马加鞭
鞭打死鸟
　　——劳而无功
鞭杆当笛吹
　　——没心眼
鞭杆做大梁
　　——不是正经东西
鞭炮店失火
　　——恭维自己
鞭梢上拴两个蛤蟆
　　——经不起摔打
扁担冲水
　　——牌子很大

扁担打跟头
　　——先一头落地
扁担倒了也认不出来
　　——一字不识
扁担窟窿插麦茬
　　——对上眼了
扁担搂柴
　　——管得宽
扁担上睡觉
　　——想得宽
扁担挑柴火
　　——心(薪)挂两头
扁担挑水
　　——挂两头
扁担挑水走滑路
　　——心挂两头
扁担无钉
　　——两头塌

扁担砸杠子
　　——直打直
扁担做桅杆
　　——担风险
扁豆绕在竹竿上
　　——有靠了
扁鹊开处方
　　——妙手回春
便宜买回的处理品
　　——贱货
变戏法的本领
　　——全凭手快
变戏法的打锣
　　——虚张声势
变戏法的亮手帕
　　——不藏不掖

biao

婊子挂起贞节牌
　　——假正经
婊子立牌坊
　　——假正经
裱糊店里的纸人
　　——一点就透
裱糊匠上天
　　——胡（糊）云
裱画店夫人
　　——自己丢出话（画）来

bie

鳖蛋上抹香油
　　——又圆又滑
鳖咬手指头
　　——抓住不放
瘪肚臭虫
　　——要叮人
瘪粒儿的麦穗
　　——头扬得高
瘪嘴吹箫
　　——走漏风声

bin

殡仪馆里的棺材
　　——装人

bing

冰板上的驴子
　　——四脚朝天
冰雹砸了棉花棵
　　——尽光棍
冰窖里嬉耍
　　——冷笑
冰精蒸荔枝
　　——甜透了

冰库里点蜡
　　——洞（冻）房花烛
冰凌当拐杖
　　——靠不住
冰凌调豆腐
　　——难办（拌）
冰凌挂胸口
　　——凉透心
冰面上盖房子
　　——不牢靠

冰山上的雪莲
　　——冻了心
冰山上画画
　　——好景不长
冰上走路
　　——小心在意

冰糖葫芦
　　——一串一串的
冰糖调黄瓜
　　——干干脆脆
冰天雪地发牢骚
　　——冷言冷语
冰雪流到肚皮上
　　——凉了半截
冰窖里打哈哈
　　——冷笑
兵营里养妓女
　　——乱了军心
并列第一名
　　——不相上下
病鬼开药店
　　——自产自销
病好打郎中
　　——恩将仇报
病好郎中到
　　——晚了
病猫的尾巴
　　——翘不起来
病人拍皮球
　　——有气无力
病人遭雷打
　　——天灾人祸
病重不吃药
　　——等死

歇后语大全

35

bo

拨好的闹钟
　　——不到时候不打点
拨开竹叶见梅花
　　——分清白
玻璃杯沏茶
　　——看到底
玻璃窗里看戏
　　——一眼看透
玻璃蛋子变鸡蛋
　　——有一套

玻璃掉在镜子上
　　——明打明
玻璃肚皮
　　——看透心肝
玻璃缸里的金鱼
　　——掀不起大浪

玻璃缸内关苍蝇
　　——乱窜
玻璃猴子
　　——成不了气候
玻璃镜上的人儿
　　——有影无踪
玻璃筷子夹凉粉
　　——光对光
玻璃瓶装宝物
　　——一眼看穿
玻璃瓶装金鱼
　　——一眼看透
玻璃瓶子装开水
　　——三分钟的热劲
玻璃铺的家当
　　——不堪一击
玻璃菩萨
　　——神明
玻璃球上拴麻线
　　——难缠
玻璃上放花盆
　　——明摆着
玻璃娃娃
　　——明白人
玻璃心肝水晶人
　　——明白人
玻璃罩里的苍蝇
　　——到处碰壁
玻璃做鼓
　　——经不起敲打
剥葱捣蒜
　　——干的小事

剥了皮的蛤蟆
——临死还要跳三跳
剥皮的青藤
——一丝不挂
剥皮的树
——不长
脖颈上拴头驴
——不是正庄(桩)
脖子上挂雷管
——太悬乎
脖子上围裹脚布
——臭了一圈子
菠菜煮豆腐
——一清(青)二白
伯乐挥鞭
——骑马找马
博物馆的陈列品
——老古董
薄刀切葱
——两头空
薄刀切豆腐
——两面光
薄皮气球
——不攻自破
薄纸糊窗棂
——一戳就穿
跛脚驴子追兔子
——赶不上
跛脚马上战场
——有死无活
跛子拔萝卜
——歪扯

跛子踩高跷
——早晚有他的好看
跛子打围
——坐着喊
跛子赶马
——望尘莫及
跛子上台
——立场不稳
跛脚穿花鞋
——边走边瞧
跛脚佬打猎
——坐着喊
跛脚马上阵
——没有好下场
跛脚毛驴
——不走正道
跛脚青蛙碰着瞎田鸡
——难兄碰到难弟
跛子唱戏文
——下不了台
跛子打秋千
——一处拐腿,处处拐腿
跛子赶老婆
——越赶越远
跛子划船
——以歪就歪
跛子骑瞎马
——各有所长
跛子走路
——左右摇摆
簸箕里的蚂蚁
——条条是路

bu

补锅匠的脊梁
———背黑锅
补锅匠栽跟头
———倒贴（铁）
不挨皮鞭挨砖头
———吃硬不吃软
不长毛的家雀
———飞不了
不吃羊肉羊膻臭
———自背臭名
不出鸡的鸡子儿
———坏蛋
不出芽的谷子
———坏种
不大不小的老鼠
———最刁
不倒翁得相思病
———坐卧不安
不倒翁骑兔子
———没有稳当劲
不倒瓮沏茶
———没水平
不到黄河心不死
———顽固不化
不饿带干粮
———有备无患
不共戴天的敌人
———有你无我

不恨绳短，只怨井深
———错怪
不见棺材不落泪
———死心眼
不见兔子不撒鹰
———做事稳当

不叫的狗
———暗下口
不敬东家敬伙计
———认错了主
不碰南墙不回头
———顽固到底
不识字的人看布告
———一纸都是墨
不熟的葡萄
———酸得很

不熟的杏子
　　——酸极了
不听曲子听评书
　　——说的比唱的好听
不听使唤的套筒枪
　　——卡壳了
不栽果树吃桃子
　　——坐享其成
不着窝的兔子
　　——东跑西颠

布袋里买猫
　　——不知底细
布袋里装牛角
　　——内中有弯
布袋里装石榴皮
　　——一个子也没有
布上的棉线
　　——千头万绪
布娃娃
　　——缺乏生气
步枪卡了壳
　　——不响

C

ca

擦火柴点电灯
——其实不然(燃)
擦亮眼睛更敢干
——明目张胆

cai

才输了当头炮
——慌什么
才子和佳人
——一对
才子配佳人
——恰好一对
财神爷吹牛
——有的是钱
财神爷打官司
——有钱就有理
财神爷发慈悲
——有的是钱
财神爷翻脸
——不认账
财神爷摸脑壳
——好事临头
财神爷敲门
——福从天降
财神爷要饭
——装穷
财主劫路
——为富不仁
裁缝打狗
——有尺寸
裁缝的顶针
——当真(针)
裁缝的肩膀
——有限(线)
裁缝的手艺
——认真(纫针)
裁缝拿线
——认真(纫针)

裁缝铺的衣服
——一套一套的
裁缝师傅对绣娘
——一个行当
裁缝师傅做衣服
——千真(针)万真(针)
裁缝做嫁衣
——替别人欢喜
裁缝做衣服
——要良(量)心(身)
裁衣不用剪子
——胡扯
彩虹和白云谈情
——一吹就散
踩瘪了的鱼泡
——泄气
踩凳子够月亮
——差得远
踩高跷的过河
——半截不是人
踩死蚂蚁也要验尸
——过分认真
踩着鼻子上脸
——欺人太甚
踩着高跷过独木桥
——艺高人胆大
踩着肩膀撒尿
——成心糟踏人
踩着井绳当是蛇
——胆小鬼
踩着石头过河
——脚踏实地

踩着银桥上金桥
——越走越亮堂
菜板上的肉
——任人宰割
菜刀切藕
——片片有眼
菜刀剃头
——太悬乎
菜地里少水
——蔫啦
菜锅里炒鹅卵石
——不进油盐
菜篮子装泥鳅
——走的走,溜的溜
菜园里长人参
——稀罕事
菜园里的海椒
——越老越红
菜园里的苦瓜
——越老越红
菜园里的辘轳
——由人摆布
菜园里的羊角葱
——越老越辣
菜籽儿里的黄豆
——数它大
蔡瑁迎刘备
——好话说尽,坏事做绝

41

can

参天的大树
　　——高不可攀
蚕宝宝吃桑叶
　　——胃口越来越大
蚕宝宝牵蜘蛛
　　——私(丝)连私(丝)
蚕豆开花
　　——黑了心
蚕肚子
　　——私(丝)心
蚕爬扫帚
　　——尽找茬(杈)

cang

苍蝇包网子
　　——好大的脸皮
苍蝇打哈欠
　　——没好气
苍蝇的肚子
　　——有屈(蛆)
苍蝇的世界观
　　——哪里臭往哪里钻
苍蝇掉在酱缸里
　　——糊糊涂涂
苍蝇叮大粪
　　——臭味相投
苍蝇叮鸡蛋
　　——无孔不入
苍蝇叮菩萨
　　——看错人头
苍蝇飞到牛胯上
　　——抱粗腿
苍蝇飞进花园里
　　——装疯(蜂)
苍蝇飞进牛眼里
　　——自讨麻烦
苍蝇跟屎壳郎做朋友
　　——臭味相投
苍蝇会蜘蛛
　　——自投罗网
苍蝇见粪堆
　　——盯(叮)住不放
苍蝇落在臭蛋上
　　——见缝下蛆
苍蝇落在蜜盆里
　　——沾上了
苍蝇碰玻璃
　　——看到光明无前途
苍蝇耍灯草
　　——死中作乐
苍蝇推墙
　　——自不量力
苍蝇围着鸡蛋转
　　——没门
苍蝇寻狗屎
　　——臭味相投
苍蝇钻到瓶瓶里
　　——处处碰壁

苍蝇钻茅房
　　——沾腥惹臭

cao

操场上捉迷藏
　　——无地容身
曹操八十万兵马过独木桥
　　——没完没了
曹操背时遇蒋干,胡豆背时遇稀饭
　　——倒霉透了
曹操的人马
　　——多多益善
曹操杀蔡瑁
　　——上当受骗
曹操杀吕伯奢
　　——将错就错
曹操用计
　　——又尖又滑
曹操用人
　　——唯才是举
曹操遇关公
　　——喜不自喜
曹操遇马超
　　——割须弃袍
曹操诸葛亮
　　——脾气不一样
草把儿打仗
　　——假充好汉
草把儿撞钟
　　——不想(响)

草把儿做灯
　　——粗心
草包竖大汉
　　——能吃不能干
草丛里的眼镜蛇
　　——歹毒
草地上的蘑菇
　　——单根独苗
草甸上的苇子
　　——靠不住
草房上安兽头
　　——配不上
草棵里的蚂蟥
　　——不是善虫
草里的斑鸠
　　——不知春秋
草驴(母驴)卖了买叫驴(公驴)
　　——胡捣腾
草帽戴在膝盖上
　　——不对头
草帽破了顶
　　——露头
草帽端水
　　——一场空
草人过河
　　——漂浮不定
草人救火
　　——自身难保
草上的露水
　　——不长久
草绳子拔河
　　——经不住拉

厕所里的茅缸
　　——装死(屎)
厕所里挂表
　　——有始(屎)有终(钟)
厕所里洒香水
　　——香臭不分
厕所里寻灶王
　　——找错了地方
厕所里照镜子
　　——臭美

cha

茶杯盖上放鸡蛋
　　——靠不住
茶杯里放块糖
　　——寿命不长
茶馆里摆龙门阵
　　——想起什么说什么
茶馆里挂斧头
　　——胡(壶)作非(斧)为
茶馆里伸手
　　——胡(壶)来
茶壶掉了把儿
　　——没嘴
茶壶里喊冤
　　——胡(壶)闹
茶壶里开染房
　　——无法摆布
茶壶里泡豆芽
　　——受不完的勾头罪

草鞋上拴鸡毛
　　——飞快
草鞋撞钟
　　——打不响
草原上的百灵鸟
　　——嘴巧
草原上的劲风
　　——挡不住
草原上点火
　　——着慌(荒)
草原上天气
　　——变化多端

ce

厕所顶上开窗子
　　——臭气冲天
厕所挂牌
　　——不是个厂

茶壶里贴饼子
　　——难下手
茶壶里洗澡
　　——扑腾不开
茶壶里煮挂面
　　——难捞
茶壶没肚儿
　　——光剩嘴
茶壶里煮牛头
　　——下不去
茶里放盐
　　——惹人嫌(咸)
茶铺子里的水
　　——滚开
茶食店失火
　　——果然(燃)
茶碗打酒
　　——不在乎(壶)
搽粉上吊
　　——死要脸
搽米汤上吊
　　——糊涂死了

chai

拆房逮耗子
　　——得不偿失
拆了东篱补西壁
　　——穷凑合
拆了楼房盖厕所
　　——臭到顶

拆了茅房盖楼房
　　——臭底子
拆了鞋面做帽檐
　　——顾头不顾脚
拆庙搬菩萨
　　——干脆利索
拆庙种灯草
　　——有心(芯)无神
拆袜子补鞋
　　——顾面不顾里
拆屋放风筝
　　——只图风流不顾家
柴草人救人
　　——自身难保
柴火上浇汽油
　　——一点就着
柴油机抽水
　　——吞吞吐吐
豺狼请客
　　——绝无好事
豺狼请兔子的客
　　——没好事

chan

馋狗等骨头
　　——急不可待
馋鬼打灯笼
　　——找吃的
馋鬼抢生肉
　　——贪多嚼不烂

馋猫吃耗子
——生吞活剥
馋人打赌
——尽是吃的
馋嘴巴走进药材店
——自讨苦吃

chang

长坂坡上的赵子龙
——单枪匹马
长虫吃高粱
——顺竿爬
长虫吃蛤蟆
——慢慢来
长虫打架
——绕脖子

长虫戴草帽
——细高挑儿
长虫当拐杖
——靠不住
长虫过乱石滩
——绕来绕去

长虫过门槛
——点头哈腰
长虫没眼
——盲从(虫)
长虫爬进枪筒里
——难回头
长虫碰壁
——莽(蟒)撞
长虫吞针
——扎心
长虫钻刺蓬
——有去无回
长虫钻竹筒
——难回头
长工的岁月
——难熬
长工血汗钱
——来之不易
长江后浪推前浪
——一波未平,一波又起
长江黄河里的水
——无穷无尽
长江里的石头
——经过风浪
长江水万里流
——波涛滚滚
长江涨大水
——来势凶猛
长颈鹿的脑袋突出
——头扬得高
长袍马褂瓜皮帽
——老一套

长衫改夹袄
　　——取长补短
长尾巴蝎子
　　——毒极了
长线放风筝
　　——慢慢来
长竹竿戳水道眼
　　——一通到底
长竹竿进城门
　　——转不过弯来
长竹竿进巷道
　　——直来直去
肠子不打弯
　　——直性子
肠子痒了
　　——不能挠
常胜将军出征
　　——所向无敌
常胜将军回朝
　　——凯旋
常胜将军上疆场
　　——不获全胜不收兵
唱歌不看曲本
　　——离了谱
唱京戏拉单弦
　　——变了调
唱木偶戏的
　　——尽捉弄人
唱皮影戏的跌跟头
　　——丢人打家伙
唱戏不拉胡琴
　　——干号

唱戏打边鼓
　　——旁敲侧击
唱戏的挨刀
　　——无伤大体
唱戏的穿玻璃鞋
　　——名角（明脚）
唱戏的穿龙袍
　　——成不了皇帝
唱戏的吹胡子
　　——假生气
唱戏的打板子
　　——一五一十
唱戏的点兵
　　——名不副实
唱戏的掉眼泪
　　——可歌可泣
唱戏的抖三抖
　　——假威风
唱戏的教徒弟
　　——幕后指点
唱戏的拿马鞭子
　　——走人了
唱戏的念道白
　　——自言自语
唱戏没主角
　　——胡闹

chao

钞票洗额头
　　——见钱眼开

歇后语大全

47

超载的火车
　　——任重道远
晁盖的军师
　　——无(吴)用
朝天放炮
　　——空想(响)
朝天椒
　　——又尖又辣
朝天一箭
　　——无的放矢
朝廷的太监
　　——后继无人
朝廷老爷拾大粪
　　——有福不会享
朝鲜人过年
　　——要狗命
炒菜不放盐
　　——乏味
炒菜的铁锅
　　——腻透了
炒菜放油盐
　　——理所当然
炒豆发芽
　　——好事难盼
炒胡豆下酒
　　——干干脆脆
炒韭菜搁葱
　　——白搭
炒了的虾米
　　——红人(仁)
炒面捏娃娃
　　——熟人

炒熟的黄豆
　　——难发芽
炒咸菜不放盐
　　——有言(盐)在先

che

车把式扔鞭子
　　——没人敢(赶)
车道沟里的泥鳅
　　——兴不起大浪
车翻了去驯马
　　——晚了
车工三班倒
　　——连轴转
车上拉客
　　——宰(载)人
车有车道,船有船道
　　——各有各的路
扯裤子补补丁
　　——堵不完的窟窿
扯铃扯到半空中
　　——空想(响)

扯乱了的丝线
——找不到头
扯旗杆放炮
——生怕别人不知道
扯起风帆又荡桨
——有福不会享
扯起眉毛哄眼睛
——自欺欺人
扯着胡子打秋千
——谦虚(牵须)
扯足顺风篷
——得势

chen

臣民进皇宫
——层层深入
沉香木当柴烧
——用材不当
陈醋当酒喝
——哭笑不得
陈谷做种子
——难发芽
陈世美不认秦香莲
——喜新厌旧
陈世美打轿夫
——不识抬举
陈世美娶皇姑
——喜新厌旧
陈世美做驸马
——喜新厌旧

晨雾炊烟
——一吹就散
趁热打铁
——赶紧

cheng

撑不开的伞
——没骨头
撑船不用篙
——放任自流
撑船的老板
——看风使舵
成吉思汗的兵马
——所向无敌
成熟的花生果
——满人(仁)
成天想蚕茧
——只顾私(丝)
城隍的扇子
——扇阴风
城隍老爷戴孝
——白跑(袍)
城隍老爷发神经
——鬼迷心窍
城隍老爷嫁女儿
——鬼打扮
城隍老爷娶妻
——抬轿的是鬼,坐轿的也是鬼
城隍老爷剃脑壳

——鬼头鬼脑

城隍庙的菩萨
——正襟危坐

城隍庙的铁算盘
——算不清

城隍庙里出告示
——吓鬼

城隍庙里打官司
——死对头

城隍庙里的鼓槌
——一对儿

城隍庙里的猪头
——有主的

城隍庙里挂弓箭
——色(射)鬼

城隍庙里聚会
——尽是鬼

城隍庙里闹内讧
——鬼打鬼

城隍奶奶接生
——出了鬼胎

城隍奶奶烧柴灶
——鬼火直冒

城隍菩萨的马
——不见起(骑)

城隍菩萨拉二胡
——鬼扯

城隍爷不穿裤子
——羞死鬼

城隍爷掉井里,土地爷扒头看
——不敢劳(捞)驾

城隍爷躲债
——穷鬼

城隍与玉皇
——天地之别

城门洞的行人
——来去自由

城门口的砖头
——踢出来的

城门楼上乘凉
——好出风头

城门楼上的哨兵
——高手(守)

城门楼上挂猪头
——好大的架子

城门上挂大钟
——群众观点

城墙上的草
——风吹两边倒

城墙上点烽火
——告急

城墙上赶麻雀
——白费工夫

城墙上骑瞎马
——好险

城头上放风筝

——出手高

城头上跑马
　　——兜圈子

城头上栽花
　　——高中(种)

城外头开钱庄
　　——外行

乘飞机打伞
　　——兜风

乘慢车来的人
　　——不速之客

乘字底下丢了人
　　——真乘

程咬金拜大旗
　　——众望所归

程咬金的三斧头
　　——虎头蛇尾

程婴告密搜赵武
　　——舍儿救孤

秤锤扔到大海里
　　——直线下降

秤杆掉了星
　　——不识斤两

秤杆上的准星
　　——分得出斤两

秤杆与秤砣
　　——密不可分

秤杆子挂路
　　——小心(星)点

秤钩吊在屁股上
　　——自称自

秤钩子钓鱼

——捞不着

秤砣掉进鸡窝里
　　——捣蛋

秤砣掉在橱柜里
　　——砸人饭碗

秤砣过河
　　——不服(浮)

秤砣囫囵吞
　　——铁了心

秤砣碰铁蛋
　　——硬对硬

秤砣砸核桃
　　——看他硬到几时

秤砣掉在鼓上
　　——不懂(扑通)

chi

吃罢黄连喝糖水
　　——苦尽甜来

吃过黄连喝蜜糖
　　——苦尽甘来

吃完黄连含白糖
　　——苦尽甜来

吃罢黄连劝儿媳
　　——苦口婆心

吃霸王的饭,给刘邦干事
　　——不是真心

吃曹操的饭,干刘备的事
　　——不是真心

吃白水河的桃子

　　——有孕(运)了
吃棒子面打哈欠
　　——开黄腔
吃包谷打呵欠
　　——开黄腔
吃包谷汤圆打哈欠
　　——开黄腔
吃玉米面打哈欠
　　——打黄腔
吃包子不露馅
　　——捂得严
吃包子扔皮儿
　　——各有所好
吃饱的肥猪
　　——大腹便便
吃饱的绵羊羔
　　——要多安分有多安分
吃饱的牛肚子
　　——草包
吃饱的牛
　　——一肚子的草
吃饱饭打嗝
　　——气不顺
吃饱饭打嗝
　　——食气
吃饱饭等拉屎
　　——无事干
吃饱饭就睡的猫
　　——哪能逮住耗子
吃饱饭闲嗑牙
　　——没事找事
吃饱了翻槽

　　——忘恩负义
吃豹子胆长大的
　　——凶恶极了
吃狼奶长大的
　　——凶得很
吃别人吃过的馍
　　——没味道
吃甘蔗渣子
　　——没有味
黄瓜蘸雪
　　——乏味
吃了白糖吃冰糖
　　——乏味
吃槟榔闭住嘴巴
　　——闷起来
吃冰拉冰
　　——没化
吃冰棍舍不得扔棒棒
　　——小气鬼
吃冰棍烫死人
　　——太玄了
吃饼吃馒头
　　——不用快(筷)
吃芝麻用调羹
　　——不用快(筷)
吃玻璃蛋屙玻璃蛋
　　——死(屎)顽固
吃石头拉硬屎
　　——顽固不化
吃不得亏
　　——做不得堆
吃不来烤红苕

——一不会捧,二不会吹,三不会拍
吃不了
——兜着走
吃不了兜着走
——自担责任
吃不着黄狼吃鸡
——寻事出气
吃曹操的饭,干刘备的事
——身在曹营心在汉
吃曹操的饭,干刘备的事
——吃里扒外
吃家饭屙野屎
——吃里扒外
吃香蕉剥皮
——吃里扒外
吃曹家饭,干刘家事
——心不在焉
吃炒蚕豆怕响
——天生一颗绿豆胆
吃炒面哼小曲
——含含糊糊
吃炒面拌沙子
——尽说牙碜话
吃炒面哼小曲
——含糊其辞
吃刺扎嗓子
——自找苦吃
吃葱吃蒜
——不吃将(姜)
吃错了耗子药
——胡折腾

吃了耗子药
——往死折腾
吃信石上吊
——紧折腾
吃腥喝卤
——紧折腾
吃大鱼大肉的
——肚里一点没数(素)
吃蛋不等鸭子落屁股
——瞎着急
吃蛋等不得鸭子落屁股
——性急
吃到嘴里的肥羊羔
——岂肯松口
吃得耳朵都动
——味道好爽
吃的不是浸河水
——何必管这么宽
吃的葱胡子,忌的蒜皮子
——你记(忌)啥
吃的灯草灰
——放的轻巧屁
吃灯草放屁
——轻巧
吃灯草长大的
——说得轻巧
吃根灯草
——说话轻巧
吃了灯草灰
——轻飘飘
吃了灯芯草
——说话好轻巧

吃人饭拉狗屎
——没有人味儿
吃桑叶吐丝
——没有人味
吃的海水
——管得宽
吃海水长大的
——管得宽
吃河水长大的
——管得真宽
吃一升米的饭,操一斗米的心
——管得宽
吃的黑芝麻
——满腹的黑点子
吃了胭脂拌大蒜
——一肚子花花点子
吃了一堆烂芝麻
——满肚子坏点子
吃了一筐烂石榴
——满肚子坏点子
吃的磨刀水
——秀(锈)气在内
吃的咸盐不少
——尽管闲(咸)事
吃多了咸鱼
——尽管闲事
吃咸菜长大的
——爱管闲事
吃的猪肝想猪心,拿的白银想黄金
——贪心不足
吃了五谷想六谷
——老是不满足

吃了五味想六味
——贪心不足
吃了猪肝想猪心
——贪得无厌
吃着鸡,抓着鸭
——贪心不足
吃着碗里看着碟子
——贪心不足
吃着碗里看着锅里
——没个够
吃着碗里瞧着锅里
——贪得无厌
吃灯草放屁
——捞捞松
吃灯草灰长大的
——说话没分量
吃灯芯草放屁
——没分量
吃豆腐渣长大的
——说话没分量
吃灯草拉灰屎
——不知轻重
吃点退烧药
——降降温
吃点心抹煤油
——不对味
吃点心抹煤油
——不是味
吃红薯蘸蒜汁
——不是味儿
吃面包抹大酱
——不对味儿

吃粽子蘸煤油
　　——不是味儿
吃了迷魂汤
　　——全忘记了
吃豆包乐颠了馅
　　——闭不上嘴了
吃豆腐多了
　　——嘴松
吃豆腐渣长大的
　　——嘴松
吃豆腐硌了牙
　　——怪事
吃豆腐花肉价
　　——划不来
吃肥走瘦
　　——不合算
吃了麦饼丢米饼
　　——不合算
吃了砒霜药老虎
　　——划不来
吃豆腐怕扎牙根
　　——小心过分
吃豆腐渣长大的
　　——松货
吃棉花长大的
　　——松货
吃豆子喝凉水
　　——屁事挺多
吃断根菜
　　——一回过
吃对门谢隔壁
　　——理不当

吃对门谢隔壁
　　——没认清
吃多了安眠药
　　——不省悟
吃多了莲菜
　　——尽操(炒)空心
吃多了猪板油
　　——蒙(懵)了心
吃糊涂油
　　——蒙了心
吃二斤咸菜
　　——安(腌)心
吃饭把勺子
　　——成(盛)手
吃饭不饱肚子
　　——宝贝(饱背)
吃饭不用筷子
　　——下手抓
吃饭吃到鼻子里
　　——进错门
吃饭刮刮嘴
　　——荡口
吃饭馆,住旅店
　　——啥事不管
吃饭拣颗谷子
　　——专挑剔
吃饭没有盐
　　——操淡心
吃了咸萝卜
　　——操淡心
吃饭拿筷子
　　——习惯

歇后语大全

吃饭泡汤
——喝粥的命

吃饭时候借碗
——不看时候

吃过晌饭打更
——不看时候

吃饭舔碗边
——吝啬鬼

吃饭舔碗边
——穷相毕露

吃饭忘记种田人
——忘本

吃水忘了掘井人
——忘本

吃米不记种田人
——忘本

吃饭咬颗沙子
——硌(搁)着了

吃饭咬筷子
——不吉利

吃饭咬舌头
——出于无意

吃蜂蜜拌花生米
——香人(仁)儿

吃蜂蜜戴红花
——甜美

吃蜂蜜说好话
——甜言蜜语

吃着冰糖唠嗑
——尽说甜话

吃蜂蜜蘸葱
——送死

吃服药洗个澡
——里外净

吃甘蔗就白糖
——甜上加甜

吃甘蔗上花山
——节节甜,步步高

吃甘蔗上楼梯
——步步高,步步甜

吃甘蔗上竹楼
——一步更比一步甜

吃着甘蔗爬山
——步步高,节节甜

吃橄榄不吐核
——看他怎么吞下去

吃猪脚不吐骨头
——不知他怎么吞下去

吃个半生不熟的李子
——又苦又涩

吃了青皮核桃
——又苦又涩

吃了生芭蕉
——苦涩

吃个馒头就饱
——没度(肚)量

吃个鱼拿个鱼
——多余(鱼)

吃狗肉喝白酒
——里外发烧

吃辣椒挨耳光
——内外发烧

吃辣椒喝白干
——里外发烧

吃了酒糟穿皮袄
　　——里外发烧
吃了秦椒烤火
　　——里外发烧
吃狗肉喝烧酒
　　——里外冒火
吃狗肉念佛经
　　——假装善人
吃谷子
　　——碰倒老碓(对)
吃骨头烧豆腐
　　——软硬不均
吃瓜不要籽
　　——甩种
吃甜瓜不吃籽儿
　　——甩种
吃西瓜不吐籽儿
　　——甩种
吃香瓜不吐籽儿
　　——甩种
吃瓜籽儿吃出个臭虫
　　——什么人(仁)都有
吃瓜籽儿吃出虾米来
　　——什么人(仁)都有
吃瓜籽儿吃出个臭虫
　　——假充人(仁)
吃瓜籽儿上厕所
　　——入不敷出
吃瓜子吃出虾米来
　　——遇到了好人(仁)儿
吃挂面不调盐
　　——有言(盐)在先

吃罐头没刀
　　——不好开口
吃素的尼姑丢了腊肉
　　——开不得口
吃桂花鱼不要鸡
　　——心有余悸(鱼鸡)
吃锅盔掉芝麻
　　——免不了
吃烧饼掉了芝麻
　　——免不了
吃过黄连喝蜂蜜
　　——先苦后甜
吃了黄连吃甘草
　　——先苦后甜
吃过木香砂仁
　　——消消气
吃过晌饭打更
　　——为时过早
吃了早饭做午饭
　　——时间尚早
吃过晌午饭赶早车
　　——赶不上趟
吃过屎的狗
　　——嘴巴臭
吃过死人的乌鸦
　　——一张臭嘴
吃了猫屎
　　——嘴巴臭
吃过死尸的乌鸦
　　——名声太臭
吃过晚饭赶路
　　——越走越黑

吃孩子肉不吐骨头
　　　——狠心得很
吃死人肉不吐骨头
　　　——狠心得很
吃河豚鱼长大的
　　　——好拼命
吃核桃
　　　——非砸不可
吃黑豆长大的
　　　——尽放屁
吃红薯蘸蒜头
　　　——各对口味
吃甜的有蜜糖,吃辣的有辣椒
　　　——各对口味
吃粽子蘸蒜泥
　　　——各有各的口味
吃红芋长大的
　　　——死心眼儿
吃花生吃出个羊屎蛋
　　　——这算啥人(仁)
吃滑嘴用滑手
　　　——又馋又懒
吃黄瓜屁股
　　　——苦口
吃黄连拌苦瓜
　　　——说不出甜话来
吃回笼馍馍
　　　——欠点火
吃鸡蛋不拿钱
　　　——混蛋
吃鸡蛋噎脖子
　　　——进退两难

吃鸡蛋噎脖子
　　　——两头难
吃了朝天辣子
　　　——刺到心
吃了蒺藜豆
　　　——扎心
吃家饭屙野屎
　　　——只顾外人
吃家饭屙野屎
　　　——只顾外头
吃饺子不吃馅
　　　——调(挑)皮
吃饺子就葱
　　　——一拿二
吃进狼嘴的羊肉
　　　——吐不出来
吃进茅坑
　　　——闻(文)进闻(文)出
吃荆条屙箩斗
　　　——肚里编的
吃荆条屙箩斗
　　　——现编的
吃荆条屙箩筐
　　　——肚里编出来的货
吃荆条屙箩筐
　　　——肚里能编
吃荆条屙箩筐
　　　——嘴能编
吃荆条屙箩斗
　　　——生编硬造
吃荆条拉笊篱
　　　——现编

吃凉粉拉簸箕
——肚里早就编好了
吃凉粉拉笊篱
——编得快
吃了荆条
——胡编
吃了柳条拉簸箕
——肚里早就编成了
吃柳条屙大筐
——肚里编
吃柳条屙笊篱
——满肚子胡编
吃柳条儿拉笊篱
——编得真快
吃柳条拉竹筐
——现吃现编
吃柳条拉筐头
——编的挺圆
吃柳条子拉笊篱
——心里会编
吃铁丝屙笊篱
——肚里编出来的
吃土拉炕席
——满肚子瞎编
吃竹竿屙筛子
——肚里编的
吃竹子屙箩兜
——肚子里编的
吃竹子拉箩子
——肚子里现编
吃竹子拉箩筐
——肚里编的

吃竹子拉笊篱
——满肚子瞎编
吃酒陪新娘
——装模作样
吃酒下红薯
——肚里发酵
吃酒糟子穿皮袄
——周身发烧
吃了酒糟穿皮袄
——浑身发热
吃了酒糟穿皮袄
——周身都热火了
吃了醒糟穿皮袄
——周身发热
吃了烧酒穿皮袄
——周身发热
吃秦椒烤火
——周身火热
吃橘子肠成牙儿
——分办(瓣)
吃糠窝窝就辣椒
——图嘴里痛快
吃窝头就辣椒
——图爽快
吃糠长大的
——松包
吃烤山芋
——吹吹拍拍
吃烤山芋
——又吹又拍
吃口黄连吃口蜜
——苦的苦,甜的甜

吃口樱桃肉塞了嗓子眼
——小心眼
吃苦菜长大的
——没尝过甜头
吃苦果的鸟
——难咽
吃辣的送海椒,吃甜的送蛋糕
——投其所好
吃辣椒屙不下
——两头受罪
吃辣椒屙不下
——辣两头
吃上辣椒屙不下
——两头难受
吃辣椒放屁
——刺激人
吃辣椒放屁
——带刺激性的
吃捞饭不喝汤
——干扎
吃老鼠择毛
——瞎仔细
吃烙饼卷木炭
——黑心肠
吃了煤炭
——黑了良心
吃了火炭
——黑了心肠
吃了枯炭
——黑了心
吃了煤炭
——黑心肠

吃了煤烟
——黑透心肝
吃了木炭
——黑心
吃了炭
——黑了心
吃了蝎子
——心肠歹毒
吃死人不吐骨头
——黑了心了
吃死人不吐骨头
——黑良心
吃馊饭长大的
——坏肚肠
吃着墨水
——黑了心肠
吃烙饼卷手指
——自己咬自己
吃雷公,屙火闪
——好大的胆
吃雷公,屙火闪
——胆大包天
吃雷公,屙火闪
——胆子不小
吃雷喝闪
——真有天胆
吃了豹子胆
——胆子大
吃了老虎心
——胆子大了
吃了雷公的胆
——天不怕地不怕

吃了狮子心
——胆最大
吃了一肚子响雷
——胆大包天
吃凉拌黄瓜
——嘎巴干脆
吃萝卜喝烧酒
——干干脆脆
吃生萝卜
——干脆
吃凉粉拌猪油
——冷腻
吃凉粉发抖
——凉透心了
吃凉粉还要吹
——冷透了
吃了冰疙瘩
——凉了心
吃凉粉喝汽水
——光滑冰凉
吃凉面喝冷水
——没得点热气
吃粮不管事
——省心
吃了蚌壳
——说大口话
吃了包子开面钱
——混账
吃了豹子胆
——天王老子都不管
吃了炸药
——开腔就爆

吃了扁担
——横了心
吃了冰棍烤火
——表面热乎心里冷
吃了冰糖吃豆腐
——先硬后软
吃了不害臊的药
——不知羞耻
吃了不害臊的药
——没脸
吃了蚕茧
——私(丝)缠了心
吃了蚕茧
——一肚子丝(私)
吃了抄手吃馄饨
——一码事
吃了擀面条儿
——又长又蔫
吃了秤砣
——铁了心
吃下秤砣
——铁了心
吃了秤杆
——一肚子心眼
吃了个顶针子
——一肚子心眼儿
吃了秤砣
——定心
吃了抽风药
——闹得厉害
吃了灯草放屁
——清(轻)清(轻)爽爽的

歇后语大全

吃了灯草灰
——一身轻
吃了灯草
——心里清(轻)
吃了敌百虫的老母鸡
——抬不起头
吃了定心丸
——做事踏实
吃了老君炉中定心丹
——踏实
吃了冬眠灵
——昏昏欲睡
吃了香焦吃坚果
——先软后硬
吃了豆腐吃蛆
——始终是软心肠
吃了豆腐
——软了心
吃了牛皮糖
——软了心
吃了香蕉
——心太软
吃棉花长大的
——心软
吃了豆腐渣
——散了心
吃了毒草的疯骆驼
——到处乱窜
吃了断根草
——不准备再来
吃了对门谢隔壁
——晕头转向

吃了迷魂药
——转向啦
吃了二十五个小老鼠
——百爪挠心
吃了五六个小耗子
——百爪挠心
吃了饭不挺尸
——肚里没板油
吃了饭就砸锅
——不干了
吃了粪的熊罴
——皱眉头
吃了蜂蜜的哑巴
——虽知其味,不能形容
吃了蜂蜜
——心里甜
吃了个凉柿子
——心里甜甜的
吃了一罐子蜜
——甭提有多甜了
吃了冰糖
——透心甜
吃了蜂蜜蘸糖稀
——嘴巴又甜又滑
吃了橄榄
——回过味儿来了
吃了蛤蜊肉长大的
——光耍嘴皮子
吃了个鸡爪爪
——扣在心上
吃了根铁棍翻跟头
——腰杆子硬

吃了狗屎问香臭
　　——明知故问
吃了呱呱鸡的肉
　　——只会叫
吃了观音土
　　——塞住了心窍
吃了海椒啃甘蔗
　　——嘴甜心辣
吃了耗子药
　　——尽搬家
吃了黑豆饭
　　——拿屁来熏(训)人
吃了猴子肉
　　——调皮精
吃了葫芦籽儿
　　——坐不稳当
吃了虎豹的心肺
　　——胆大气粗
吃了画眉的舌头
　　——能说会道
吃了黄河水
　　——昏(浑)了心
吃了黄连对人说
　　——诉苦
吃了黄连含着蜜
　　——嘴甜心苦
吃了鸡下巴
　　——爱搭嘴
吃了鸡下巴
　　——接别人的话
吃了猪下巴
　　——爱搭嘴

吃鱼不吐骨头
　　——说话带刺儿
吃了坚果
　　——硬了心肠
吃了金刚石
　　——硬了心
吃了石头块
　　——心硬
吃了搅团刮拼杖
　　——留下名迹了
吃了搅团喝伴汤
　　——伤食到根
吃了结缘豆
　　——一见就喜欢
吃了酒跳太湖
　　——罪(醉)该万死
吃了开心药
　　——合不上嘴
吃了喜喜妈的奶
　　——老是乐得合不上嘴
吃了颗青橄榄
　　——又涩又笑口
吃了孔雀胆
　　——死了心
吃了辣椒吃黄连
　　——辛苦
吃了生姜吃黄连
　　——辛苦
吃了凉粉喝汽水
　　——光溜溜,凉滋滋
吃了两大碗糯米汤团
　　——心里结了疙瘩

吃了两天豆腐想成仙
　　——想得容易
吃了两只公鸡
　　——在肚里斗
吃了麻绳子
　　——尽说长话
吃了馒头打嗝
　　——雾气
吃了猫子去上山
　　——有了老虎胆
吃了煤炭
　　——火气冲天
吃了鸟枪药
　　——火气冲天
吃了蜜蜂屎
　　——轻狂
吃了棉花
　　——拉线儿屎
吃了鸟枪药
　　——说话厉害
吃了牛角葱
　　——聪(葱)明了
吃了糯米粑粑
　　——封上了嘴
吃了炮仗药
　　——一跳三丈高
吃了砒霜的老母鸡
　　——抬不起头来
吃了砒霜毒狗
　　——害人先害己
吃了砒霜去跳舞
　　——该死又该死

吃上砒霜又上吊
　　——该死又该死
吃了砒霜上吊
　　——肚子里有底
吃了信石上吊
　　——肚子里有底
吃了砒霜药老虎
　　——打的什么算盘
吃了砒霜药老虎
　　——同归于尽
吃了砒霜又上吊
　　——往死里作
吃了砒霜再上吊
　　——必死无疑
吃了枪药打屁
　　——好大的冲劲
吃了枪药
　　——话头凶
吃了青柿子
　　——又涩又麻
吃了热年糕
　　——甜得分不开
吃了三根麻花
　　——尽讲缠话
吃了三天斋,就想上西天
　　——功底还浅
吃了三碗红豆饭
　　——满肚子相思
吃了山药拉红薯
　　——没变化
吃了烧茄子
　　——害了多心病

吃了生菜喝凉水
　　——打心眼里机灵
吃了生姜
　　——满口辣味
吃了生姜
　　——说话辣人
吃了生铁
　　——变硬了
吃了生铁拉下钢
　　——越来越硬
吃了生杨梅
　　——酸溜溜
吃了生鱼
　　——带腥气
吃了剩饭想点子
　　——光出馊主意
吃剩饭长大的
　　——尽出馊主意
吃馊饭长大的
　　——出不了好主意
吃了十五个小老鼠
　　——心里七上八下
吃了算盘珠
　　——肚里有数
吃了一肚子账本
　　——心中有数
吃了苔的阉牛
　　——叫起来没完
吃了弹花捶
　　——不吐不言
吃了蜜糖上天的灶君
　　——尽讲甜

吃了桐油呕生漆
　　——连本带利
吃了桐油
　　——要谢（泻）
吃了土枪药
　　——一张嘴就崩
吃了晚饭赶路
　　——再走也不远
吃了窝脖鸡
　　——憋气
吃了乌龟皮
　　——装王八
吃了五味想六味
　　——办不到
吃了线团子
　　——心里结疙瘩
吃了蝎子草的骆驼
　　——四脚朝天
吃了蝎子草的骆驼
　　——仰面朝天
吃了兴奋剂领到金牌
　　——不算数
吃了烟袋子油的蛇
　　——跑不了
吃了烟油子的蛇
　　——翻来翻去待不稳
吃了一包回形针
　　——一肚子委屈（曲）
吃了一肚子萤火虫
　　——全明白了
吃了萤火虫
　　——肚子里雪亮

吃了一筐烂杏
——心酸得很
吃了一篮子酸豆
——难受
吃了一团乱麻
——心里乱糟糟
吃了鱼钩的牛去打架
——钩心斗角
吃了鱼骨头
——吐不出，吞不下
吃了芋头不下肚
——顶心顶肺
吃了早饭睡午觉
——乱了时辰
吃了猪拱嘴
——口头子硬
吃了猪苦胆
——心里苦
吃了猪脑子
——糊涂虫
吃了猪尿泡
——气胀
吃了猪下巴
——爱掊嘴
吃了猪油
——昏（荤）了头
吃了嘴鳃胶
——粘住了
吃萝卜
——吃一截,剥一截
吃萝卜挖根
——从头说起

吃螺蛳
——缩缩吐吐
吃麻油唱曲子
——油腔滑调
吃着油条唱歇
——油腔滑调
吃猪肉唱歌
——油腔滑调
吃猪油唱歌
——油腔滑调
吃馒头打嗝
——晦气
吃米的鸡
——点头哈腰
吃米饭拣谷子
——挑剔
吃蜜糖长大的
——不知苦
吃棉花
——拉线儿屎
吃棉花拉线屎
——肚里有功夫
吃棉花拉线团
——肚里有文章
吃桑叶吐丝茧
——肚里有文章
吃棉花拉线团
——没头
吃面条不打卤
——白条
吃面条放葱
——装蒜

吃面条找头儿
　　——多余
吃稀饭泡汤
　　——多余
吃咸鱼蘸酱
　　——多余
吃篾块屙背篓
　　——腹(胡)编
吃馍不喝稀饭
　　——干噎
吃奶的娃娃
　　——不知愁
吃奶的孩子丢了娘
　　——苦娃(哭哇)
吃奶的孩子
　　——扔不下
吃奶孩子爬梯子
　　——上下为难
吃奶娃娃当家
　　——幼稚得很
吃南瓜不放盐
　　——讲淡话
吃牛犊子果
　　——心眼不少
吃牛黄上清丸
　　——火攻心
吃藕使筷子
　　——挑眼
吃葡萄吐皮
　　——白扔
吃枪药长大的
　　——说话呛人

吃秦椒长大的水晶猴子
　　——又刁滑又毒辣
吃曲鳝长大的
　　——没脑筋
吃人的东西坐大殿
　　——豺狼当道
吃人的狼
　　——不叫唤
吃人的老虎
　　——坏名在外
吃人的老虎拍照
　　——恶相
吃人的鳄鱼
　　——没有泪
吃人的狮子
　　——不龇牙
吃人的野狐狸
　　——耳朵灵
吃桑叶吐丝
　　——肚里有货
吃山羊脑袋骨
　　——高贵人
吃上野鸡肉了
　　——喳喳个不休
吃烧饼打嗝
　　——一肚子魔(馍)气
吃蛇不吐骨
　　——厉害
吃生米的碰到嗑生谷的
　　——恶人遇恶人
吃生米扛碓
　　——做事太霸蛮

67

吃生米遇着嗑生谷的
　　——强中还有强手
吃生咸菜聊天
　　——讲闲(咸)话
吃腌菜聊天
　　——说咸话
吃虱子留后腿
　　——小气得很
吃屎虫变成蛆
　　——两辈子没眼
吃屎的狗不离茅厕
　　——本性难改
吃屎的狗儿
　　——性难改
吃屎狗难断吃屎路
　　——本性不移
吃屎狗难断茅厕路
　　——本性难移
吃屎狗跟着屁轰轰
　　——虚的实的捞不着
吃屎壳郎掐爪子
　　——假干净
吃柿子单拣软的
　　——好揭底
吃柿子的人
　　——拣软的捏
吃柿子
　　——挑软的
吃水豆腐不用牙
　　——好一张利口
吃死老公睡崩床
　　——懒婆娘

吃碎米
　　——啰嗦
吃汤团长大的
　　——尽说圆话
吃糖豆吃个黄连片
　　——可苦了
吃糖葫芦儿
　　——串起来
吃桃子打饱嗝
　　——桃(淘)气
吃田螺的
　　——歪嘴说邪(斜)话
吃甜茶说苦话
　　——不忘过去
吃甜瓜不吃籽儿
　　——留种
吃桐油拉生漆
　　——往后这样的事还有
吃歪藤长大的
　　——老缠住人不放
吃歪藤长大的
　　——乱纠缠
吃豌豆咽鸡蛋
　　——一个胜一个
吃乌龟皮
　　——装王八孙子
吃五个豆放五个屁
　　——来五去五,出入相抵
吃西瓜盼汽水
　　——尽想解渴的
吃西瓜蘸蜂糖
　　——甜甜蜜蜜

吃西瓜子
————拣好人(仁)

吃稀饭放酱油碟
————摆臭格

吃稀饭泡米汤
————官还原职(归还原汁)

吃稀饭泡米汤
————亲(清)上加亲(清)

吃粥加汤
————亲上加亲

吃稀糊糊游西湖
————穷开心

吃咸鱼放酱油
————多此一举

吃咸鱼蘸酱
————多此一举

吃咸鱼蘸酱油
————闲(咸)透啦

吃盐打滚
————咸的

吃盐翻跟头
————咸得慌

吃馅儿饼抹油
————白搭

吃橡子面儿
————拉不出屎来

吃小米粥等凉
————搅和为妙

吃蝎子蘸辣椒
————毒辣极了

吃烟拔豆根
————一码是一码

吃腌牛肉
————越嚼越有味

吃盐多了
————放闲(咸)屁

吃药不叫吃药
————喝苦水

吃药用冰糖作引子
————又苦又甜

吃药用红糖
————苦中有甜

吃药用糖引
————又苦又有甜

吃一堑
————长一智

吃油饼蘸蒜泥
————各有各味

吃油糕不沾油手
————推个干净

吃油馍卷烙馍
————混卷儿

吃油条蘸大油
————腻透了

吃鱼避腥
————枉张嘴

吃鱼不沾腥
————全凭张好嘴

吃鱼带刺吞
————尽扎人

吃鱼卡了鱼骨
————吞又吞不下,吐又吐不出

吃鱼留着头
————死愚(鱼)脑壳

歇后语大全

69

吃枣不吐核
——囫囵吞
吃炸药吞火炭
——性子暴烈
吃斋的恶婆子
——口素心不善
吃斋碰着月份大
——倒霉透了
吃着冰棍拉家常
——冷言冷语
吃着冰棍说话
——冷言冷语
吃着冰棍下楼
——里外都冰凉
吃着菠萝问酸甜
——明知故问
吃着梅子问酸甜
——明知故问
吃着海椒训人
——说话带辣味
吃着黄连看唱歌
——以苦为乐
吃着黄连演讲
——没甜话
吃着碗里瞧着锅里
——下作
吃银耳长大的
——细得很
吃猪肠子屙血
——至死(屎)不弯
吃猪肉熬豆腐
——白揩油

吃猪血屙黑屎
——当面见效
吃竹竿长大的
——直性人
吃竹芽子唠嗑
——这话可够损(笋)
吃自来食的水鸟
——伸长脖子老等
吃瓜子
——吞吞吐吐
吃黄瓜蘸雪
——乏味
吃鸡蛋不拿钱
——混蛋
吃饺子不吃馅
——调(挑)皮
吃酒陪新娘
——装模作样

吃烤山芋
——又吹又拍
吃亏全在大意
——末日来临

吃了灵芝草
　　——长生不老
吃了蒙汗药
　　——动弹不得
吃了鸟枪药
　　——火气冲天
吃了三天斋就想上西天
　　——功底还浅
吃了三碗红豆饭
　　——满肚子相思
吃了烧茄子
　　——多心

吃了窝脖鸡
　　——憋气
吃了喜鹊蛋
　　——乐开怀
吃了一肚子响雷
　　——胆大包天
吃了猪肝想猪心
　　——贪得无厌
吃麻油唱曲子
　　——油腔滑调

吃米不记种田人
　　——忘本
吃棉花长大的
　　——心软
吃面条找头子
　　——多余
吃内脏的虫子
　　——心腹之患
吃人不吐骨头
　　——心狠手辣
吃人的老虎拍照
　　——恶相
吃人饭拉狗屎
　　——没有人味
吃桑叶吐丝
　　——肚里有货
吃石头拉硬屎
　　——顽固不化
吃水不记掘井人
　　——忘本
吃天鹅肉
　　——痴心妄想
痴情碰冷遇
　　——伤透心肝
池里的王八塘里的鳖
　　——一路货
池塘里的荷花
　　——出污泥而不染
池塘里的荷叶
　　——随风摆
池塘里的泥鳅
　　——翻不起大浪

池塘里摸菩萨
——捞(劳)神

赤膊上阵
——要大干了

赤脚的和尚
——两头光

冲着和尚骂秃子
——寻着惹气

冲着柳树要枣吃
——故意刁难

冲着姨夫叫丈人
——乱认亲

chong

chou

虫吃沙梨
——心里肯(啃)

虫蛀的扁担
——经不住两头压

虫蛀的老槐树
——腹内空空

虫蛀的苹果
——放到哪,烂到哪

虫子钻进核桃里
——假充好人(仁)

冲瞎子问路
——找错了人

抽刀断水
——枉费心机

抽了架的丝瓜
——蔫了

抽了筋的老虎
——塌了架

抽芽的蒜头
——多心

抽烟不带火
——沾光

抽烟烧枕头
——怨不着别人

仇人打擂
——有你无我

绸子布包狗屎
——臭名在外

丑八怪搽胭脂
——自以为美

臭虫爬到拜盒里
——抓住理(礼)了

臭虫咬胖子
——揩油

72

臭豆腐下油锅
　　——有点香
臭鸡蛋
　　——甩了
臭水坑里的核桃
　　——不是好人(仁)
臭蚊子
　　——死叮
臭羊皮
　　——不消(硝)

chu

出东门,往西拐
　　——糊涂东西
出洞的狐狸
　　——贼头贼脑
出洞的老鼠
　　——东张西望
出锅的大虾
　　——卑躬(背弓)屈膝
出国的大轮船
　　——外行(航)
出家人娶媳妇
　　——不守规矩
出嫁的姑娘
　　——有主
出了笼的黄雀
　　——自由自在
出了土的笋子
　　——冒尖

出了窑的砖
　　——定型了
出笼的馍馍烤着吃
　　——欠火候
出炉的钢锭
　　——定了型
出炉的红铁
　　——找打
出炉的铁水
　　——沾不得
出门带条狗
　　——随人走
出门戴口罩
　　——嘴上一套
出门两条腿
　　——随人走
出门坐飞机
　　——远走高飞
出山的猛虎
　　——势不可挡
出水的芙蓉
　　——一尘不染
出膛的子弹
　　——决不回头
出头的钉子
　　——先挨砸
出土的陶俑
　　——总算有了出头之日
出土的竹笋
　　——捂不住
出土文物
　　——老古董

出污水沟又掉茅坑
——倒霉透了

出衙门骂大街
——没事找事

初八当重阳
——不久(九)

初二三的月亮
——不明不白

初晴露太阳
——重见天日

初生的牛犊
——不怕虎

初生的娃娃
——小手小脚

初一晚上走路
——漆黑一片

初一夜里出门
——处处不明

除夕夜守岁
——送旧迎新

厨房里的馋猫
——记吃不记打

厨房里的垃圾
——鸡毛蒜皮

厨师熬粥
——难不住

厨子搬家
——另起炉灶

厨子剥葱
——扯皮

厨子回家
——不跟你吵(炒)了

锄头钩月亮
——够不着

锄头刨黄连
——挖苦

楚霸王举鼎
——好大的力气

楚霸王困垓下
——四面楚歌

楚霸王种蒜
——栽到家了

楚霸王自刎
——身败名裂

楚霸王自刎乌江
——没脸回江东

楚汉相争
——在谋不在勇

楚王拿晏子开心
——辱人反被辱

楚庄王猜谜语
——一鸣惊人

楚庄王理政
——一鸣惊人

chuai

揣着明白说糊涂
——装傻

chuan

穿背心戴棉帽
——不相称
穿不破的鞋
——底子好
穿草鞋上树
——欠妥(拖)
穿的兔儿鞋
——跑得倒快
穿钉鞋踩屋瓦
——捅娄子
穿钉鞋拄拐棍
——步步扎实
穿冬衣摇夏扇
——不知冷热
穿草鞋戴礼帽
——土洋结合
穿汗衫戴棉帽
——不知春秋
穿紧身马褂长大的
——贴心
穿没底鞋
——脚踏实地

穿木屐过摩天岭
——走险
穿皮袄吃醪糟
——周身火热
穿皮袄打赤脚
——凉了半截
穿山甲拱泰山
——攻不倒
穿蓑衣救火
——迟早都要烧
穿兔子鞋的
——跑得快
穿袜子没底
——装面子
穿西装戴斗笠
——土洋结合
穿新鞋走老路
——因循守旧
穿着汗衫戴礼帽
——不相称
传闲话,落不是
——自讨没趣
船舱里生小鸡
——漂浮(孵)
船到江心才补漏
——晚了
船到码头车到站
——停滞不前
船底下放鞭炮
——闷声闷气
船后跟朝北
——难(南)行

歇后语大全

75

船开才买票
　　——错过时机
船老大带徒弟
　　——从何（河）说起
船老大敬神
　　——为何（河）
船老大坐后艄
　　——看风使舵
船上打伞
　　——没天没地
船上开晚会
　　——载歌载舞
船上人充油灰
　　——慢慢来
船上人上岸
　　——不（步）行
船上失火
　　——有底
船头办酒席
　　——难铺开
船脱离了水
　　——行不通

chuang

疮口上贴膏药
　　——揭不得
窗户上糊纸
　　——一捅就破
窗户上走人
　　——门外汉
窗户眼里看人
　　——小瞧
窗口插桂花
　　——里外香
窗台上种瓜
　　——长不大
窗子小跳不进去
　　——格格不入
床底下吹号
　　——低声下气
床底下吹喇叭
　　——低声下气
床底下堆宝塔
　　——高也有限
床底下放风筝
　　——飞不高
床底下关鸡
　　——提醒你
床底下鞠躬
　　——抬不起头来
床底下练武
　　——施展不开
床底下抡大斧
　　——不好使家伙
床底下支张弓
　　——暗箭伤人
床上耍花枪
　　——打不开场面

chui

吹灯裹脚
——瞎缠
吹灯讲故事
——瞎说
吹灯捉虱子
——瞎摸
吹鼓手办喜事
——自吹

吹鼓手的肚子
——气鼓鼓
吹鼓手分家
——一人一把号
吹鼓手赶集
——没事找事
吹鼓手叫阵
——赛吹
吹鼓手跳舞
——蹦着吹
吹火筒不通
——赌(堵)气

吹火筒打鸟
——不是真腔(枪)
吹糠见米
——本小利大
吹牛皮赚钱
——无本生意
吹气灭火
——口气不小
吹唢呐的腮帮子
——胀起来了
吹糖人出身
——口气挺大
吹糖人的改行
——不想做人
锤子炒菜
——砸锅

chun

春蚕到死
——怀着私(丝)
春草闹堂
——急中生智
春茶尖儿
——又鲜又嫩
春分得雨
——正逢时
春天的柳树枝
——落地生根
春天的萝卜
——心虚

春天的毛毛雨
　　　——贵如油
春天的蜜蜂
　　　——闲不住
春天的树尖
　　　——一天变个样
春天河边
　　　——富有诗(湿)意
春夏秋冬
　　　——年年有
椿树上的虱子
　　　——懒相(象)

ci

瓷公鸡,玻璃猫
　　　——一毛不拔
瓷盘里的珍珠
　　　——明摆着
辞去先生去做贼
　　　——不务正业
刺笆(荆)林里的斑鸠
　　　——不知春秋
刺笆林中的苦蒿
　　　——没人睬(采)
刺拐棒弹棉花
　　　——越整越乱
刺猬的脑袋
　　　——不是好剃的头
刺猬发怒
　　　——参毛了

刺猬皮包钢针
　　　——里外扎手
刺猬在巴掌上打滚
　　　——碰到棘手事

cong

从河南到湖南
　　　——难(南)上加难(南)
从火坑里爬出来的好汉
　　　——死里逃生
从楼上摔下一筐鸡蛋
　　　——没有一个好货
从污水缸跳到粪池里
　　　——越搞越臭
从小娇惯的公主
　　　——随心所欲
从斜门里看人
　　　——怎么看怎么歪
从盐店里闹出来的伙计
　　　——闲(咸)得发慌

cu

粗石头性子
　　　——一碰就发火
醋厂里冒烟
　　　——酸气冲天
醋泡辣椒
　　　——又酸又辣

醋瓶子打飞机
——酸气冲天
醋坛子打酒
——满不在乎(壶)
醋坛子里泡胡椒
——尝尽辛酸

cui

崔莺莺送张生
——一片伤心说不清

淬过火的钢条
——宁折不弯

cuo

错把洋芋当天麻
——好歹不分
错公穿了错婆鞋
——错上加错

D

da

搭梯子上天
　　——走投无路
妲己的子孙赴宴
　　——露了尾巴
打败的鹌鹑斗败的鸡
　　——上不了阵势
打败的士兵
　　——垂头丧气
打抱不平的说理
　　——仗义直言
打柴的下山
　　——担心（薪）
打醋的进当铺
　　——走错了门
打灯笼赶嫁妆
　　——两头忙
打电报买车票
　　——急上加急

打掉牙往肚里吞
　　——忍气吞声
打发闺女娶媳妇
　　——两头忙
打翻了的田鸡笼
　　——一团糟
打更人睡觉
　　——做事不当事
打花脸照镜子
　　——自己吓唬自己
打坏了的玻璃瓶
　　——废物
打架揪胡子
　　——谦虚（牵须）
打酒只问提壶人
　　——错不了
打开棺材喊捉贼
　　——冤枉死人
打开闸门的水
　　——滚滚向前
打烂锅头
　　——没得主（煮）

打了盘子对碗沿
　　——不对碴
打了兔子喂鹰
　　——好处给了恶人
打锣找孩子
　　——丢人打家伙
打鸟瞄得准
　　——一目了然
打破脑壳充硬汉
　　——活受罪
打破嘴巴骂大街
　　——血口喷人
打起脸来演戏
　　——粉墨登场
打枪不瞄准
　　——无的放矢
打伞披雨衣
　　——多此一举
打蛇打到七寸上
　　——恰到好处
打手击掌
　　——一言为定
打水不关水龙头
　　——放任自流
打死儿子招女婿
　　——图新鲜
打疼了疯狗
　　——反咬一口
打铁不用锤
　　——硬充能耐
打铁的拆炉子
　　——散伙(火)

打铁卖粮
　　——各干一行
打兔子捉到黄羊
　　——格外好
打下去的桩头
　　——定了

打一巴掌揉三揉
　　——假仁假义
打油钱不买醋
　　——专款专用
打鱼卖钱抽大烟
　　——水里来,火里去
打鱼人回家
　　——不在乎(湖)
打掌的敲耳朵
　　——离题(蹄)太远
打肿脸充胖子
　　——不懂装懂
打准腰部才罢休
　　——正中下怀
打着公鸡生蛋
　　——强人所难
打着手电筒走夜路
　　——前途光明

歇后语大全

打着兔子跑了马
　　——得不偿失
打字机上的字盘
　　——横竖不成话
大白公鸡下花花蛋
　　——离奇
大白天打劫
　　——明目张胆
大白天遇见阎王爷
　　——活见鬼
大便带出个擀面杖
　　——恶(屙)棍
大虫打哈哈
　　——笑面虎
大虫头,长虫尾
　　——虎头蛇尾
大刀斩小鸡
　　——小题大做
大肚子罗汉写文章
　　——肚里有货
大粪车出村
　　——装死(屎)
大风吹倒帅字旗
　　——出师不利
大风吹翻麦草垛
　　——乱糟糟
大风地里点灯
　　——难看
大风天吃炒面
　　——难开口
大风天的油灯
　　——吹了

大夫摆手
　　——没治了
大缸里放针
　　——粗中有细
大缸里摸鱼
　　——跑不了
大个子盖小人被
　　——顾头不顾脚
大个子站在矮檐下
　　——抬不起头来
大姑娘拜天地
　　——头一回
大姑娘抱孩子
　　——人家的
大姑娘当媒人
　　——自顾不暇
大姑娘的长辫子
　　——甩在脑后了
大姑娘的脊梁
　　——女流之辈(背)
大姑娘的心事
　　——摸不透
大姑娘讨饭
　　——拉不开脸面
大姑娘想婆家
　　——不好开口
大姑娘绣花
　　——九曲十八弯
大姑娘绣嫁衣
　　——细功夫
大姑娘养孩子
　　——费力不讨好

大姑娘掌钥匙
——当家不做主
大姑娘坐花娇
——迟早有一次
大观园里的闺秀
——四体不勤,五谷不分
大管子套小管子
——不对口径
大闺女的围巾
——绕脖子
大闺女买假发
——随便(辫)
大闺女盼郎
——朝思暮想
大海大洋里的小舟
——不着边际
大海的潮水
——时起时落
大海翻了豆腐船
——水里来,水里去
大海里捕鱼,深山里打猎
——各吃一方
大海里的浮萍
——没着落
大海里的浪涛
——波澜壮阔
大海里的沙粒
——数不清
大海里的水
——到哪里哪里嫌(咸)
大海里丢针
——难寻

大海里吐唾沫
——不显眼
大海里下竿子
——不知深浅
大河边上的望江亭
——近水楼台
大河里淌下卧单来
——刘(流)备(被)
大河里洗手
——干干净净
大河里一泡尿
——显不着
大河漂油花
——一星半点
大胡子
——难题(剃)
大火报警
——一鸣惊人
大伙都唱一个调
——异口同声
大鸡不吃碎米
——看不上眼
大家看电影
——有目共睹
大江边的小雀
——见过风浪
大江里的水泡
——渺小
大江里一泡尿
——有你不多,无你不少
大将军骑马
——威风凛凛

大脚穿小鞋
——钱(前)紧
大街得信小街传
——道听途说
大街上卖笛子
——自吹
大街上生私孩子
——当众出丑
大卡车开进小巷子
——转不过弯来

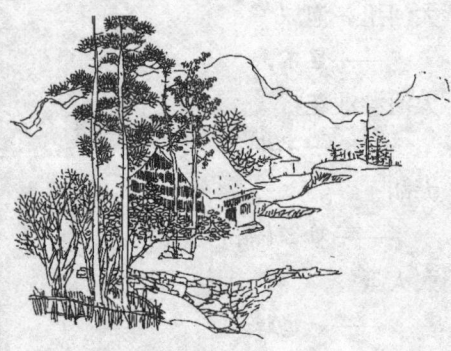

大口啃住包子馅
——抓重点
大老粗看佛经
——茫然不懂
大理石做门匾
——牌子硬
大力士背碾盘
——好大的力气
大力士耍扁担
——轻而易举
大力士绣花
——不对劲
大梁柁做文明棍儿
——大材小用

大龙不吃小干鱼
——看不上眼
大路旁的小草
——有你不多,无你不少
大路上的电杆
——靠边站
大路上的砖头
——绊脚石
大路上栽葱
——白费功夫
大轮船靠小港
——挨不上
大轮船下锚
——稳稳当当
大麻籽儿喂牲口
——不是好料
大麦芽做饴糖
——好料子
大门口的春联
——年年有
大门口吊马桶
——臭名在外
大门上插秧
——有门道(稻)
大门上的对联
——一对红
大门上挂扫把
——臊(扫)脸
大米的弟弟
——小米
大眠起来的春蚕
——满肚子私(丝)

大拇指卷煎饼吃
　　——自咬自
大拇指头抠耳朵
　　——进不去
大年初一拜年
　　——你好我也好
大年初一吃面条
　　——移风易俗
大年初一吃窝头
　　——不香
大年初一串门
　　——见人就作揖
大年初一的袍子
　　——借不得
大年初一翻皇历
　　——头一回
大年初一见了面
　　——尽说好话
大年初一看历书
　　——日子长哩
大年初一没月亮
　　——年年都一样
大年三十的案板
　　——家家忙
大年三十的烟火
　　——万紫千红
大年三十看皇历
　　——没日子啦
大年三十晚上熬稀粥
　　——年关难过
大年五更出月亮
　　——头一回

大胖子穿小褂
　　——不合身
大胖子骑瘦驴
　　——不相称
大胖子跳井
　　——不深入
大胖子跳橡皮筋
　　——软功夫
大胖子推磨
　　——杜撰(肚转)
大胖子下山
　　——连滚带爬
大胖子学游泳
　　——浮力大
大胖子作前滚翻
　　——滚球
大炮打群狼
　　——一哄(轰)而散
大炮的性子
　　——爱轰
大炮轰苍蝇
　　——大材小用
大炮上刺刀
　　——远近全能对付
大炮筒子
　　——不会拐弯
大巧背小巧
　　——巧上加巧
大热天吃炒豆
　　——干干脆脆
大人不记小人过
　　——宽宏大量

大舌头读报
　　——含糊其辞
大师傅打蛋
　　——各个击破
大石板上青苔毛
　　——长不了
大石板压蛤蟆
　　——鼓不起劲来
大石沉海
　　——一落千丈
大石头压死蟹
　　——以势压人
大树底下晒太阳
　　——阴阳不分
大树上吊个口袋
　　——装疯(风)
大水冲了龙王庙
　　——一家人不认一家人

大水冲了菩萨
　　——绝妙(庙)
大水缸里捞芝麻
　　——难找
大蒜剥皮
　　——层层深入

大蒜调冻豆腐
　　——难办(拌)
大蒜发芽
　　——多心
大铁锤敲铜锣
　　——响当当
大厅中央挂字画
　　——堂堂正正
大头鱼(鳕鱼)背鞍子
　　——跑江湖
大头针包饺子
　　——扎心
大腿上挂篷帆
　　——一路顺风
大腿上贴门神
　　——走了神
大腿上贴商标
　　——走到哪宣传到哪
大碗盖小碗
　　——管得拢
大网捕小鱼
　　——劳而无功
大雾天放鸭子
　　——有去无回
大雾天看山峰
　　——渺茫
大瞎子看告示
　　——装模作样
大象逮老鼠
　　——有劲使不上
大象的鼻子
　　——能屈能伸

大象的屁股
　　——推不动
大象呼吸
　　——双管齐下
大象口里拔牙
　　——难办
大象抓凤凰
　　——眼高手低
大象走路
　　——稳稳当当
大象嘴里拔牙
　　——胆子不小
大雪落在大海里
　　——看得见,摸不着
大烟鬼的牙
　　——黑啦
大烟鬼拉车
　　——有气无力
大眼瞪小眼
　　——面面相觑
大眼贼碰上仓老鼠
　　——大眼瞪小眼
大雁吃莲秆
　　——直脖啦
大雁东南飞
　　——趾高气扬
大雁跟着飞机跑
　　——落后
大爷和太爷
　　——只差一点
大阴天吃凉粉
　　——不看天气

大鱼嘴边的虾子
　　——跑不了
大丈夫有肚量
　　——能屈能伸
大轴里套小轴
　　——话(画)里有话(画)
大字丢了横
　　——冒充人
大嘴乌鸦吃食
　　——一副贪相

dai

呆女嫁痴汉
　　——谁也不嫌谁
呆子把脉
　　——摸不着
呆子吃盖杯
　　——四下无门
呆子哼曲子
　　——没谱
呆子看戏
　　——光图热闹
呆子求情
　　——有理说不清
逮了兔子死了鹰
　　——得不偿失
代别人写情书
　　——不是真心
带了秤杆忘了砣
　　——丢三落四

戴着墨镜倒骑驴
　　——尽走黑道
戴着眼镜买车轴
　　——各对其眼
黛玉焚稿
　　——忍痛割爱

dan

带着秤杆买小菜
　　——斤斤计较
带着碗赶现成饭
　　——白吃
戴草帽亲嘴
　　——对不上口
戴穿了的帽子
　　——出头了
戴大红花回朝
　　——大功告成
戴斗笠坐席子
　　——独霸一方
戴钢盔登脚手架
　　——硬着头皮上
戴钢盔爬树
　　——硬着头皮上
戴礼帽的偷书
　　——明白人办糊涂事
戴上笼头的小毛驴
　　——听人使唤
戴着帽子找帽子
　　——糊涂到顶了
戴着面罩做人
　　——其貌不扬

单箭射双雕
　　——一举两得
单枪匹马上阵
　　——孤胆英雄
单身汉跑江湖
　　——无牵无挂
单身汉碰到和尚
　　——全是光棍
单眼看花
　　——一目了然
单眼挑媳妇
　　——一眼看中
担心手臂比腿粗
　　——多余
担雪填深井
　　——白费工夫
担着苦瓜乐本
　　——没谱儿了
胆小鬼当兵
　　——上不了阵
胆小鬼的眼睛
　　——见啥怕啥

胆小鬼走夜路
　　——提心吊胆
胆汁滴在眉毛上
　　——苦在眼前
弹弓打飞机
　　——挨不上
鸡飞蛋打
　　——两头空

dang

当兵的背算盘
　　——找仗(账)打
当兵的垒灶
　　——安营扎寨
当官不坐高板凳
　　——平起平坐
当官的拍桌子
　　——惊堂
当和尚不撞钟
　　——白吃
当了皇帝想成仙
　　——贪得无厌
当面锣,对面鼓
　　——明打明敲
当铺里卖孩子
　　——贱人
当天和尚撞天钟
　　——得过且过
当衣服买酒喝
　　——顾嘴不顾身

当着阎王告判官
　　——没有好下场
挡风玻璃做锅盖
　　——明受气

dao

刀把老鼠
　　——刁
刀尖上走路
　　——玄乎
刀口遇滚水烫
　　——疼痛难忍
刀劈毛竹
　　——迎刃而解
刀切大葱
　　——两头空
刀刃上抹鼻涕
　　——难下手
刀剁黄连木
　　——刻苦
刀下的绵羊
　　——任人宰割
刀子切元宵
　　——不愿(圆)
刀子上打滚
　　——身子硬
刀子嘴,豆腐心
　　——嘴硬心软
倒背手看鸡窝
　　——不简单(拣蛋)

歇后语大全

倒吊的腊鸭
　　——一嘴油
倒粪倒出耙齿
　　——又臭又硬
倒糠拍箩
　　——一点不留
倒了油瓶不扶
　　——懒到家了
倒骑毛炉
　　——往后瞧
倒瓢的冬瓜
　　——一肚子坏水
倒爷发家
　　——不义之财
捣蒜剥葱
　　——各管一工
捣蒜槌子打鼓
　　——懂(冬)
到火神庙求雨
　　——找错了门
到了黄山想泰山
　　——这山望着那山高
到了火车站
　　——鬼(轨)多
到了山顶想上天
　　——贪得无厌
道士吹螺号
　　——吓鬼
道士舞大钳
　　——少见(剑)
道士遭雷打
　　——作法自毙

道士捉妖
　　——有福(符)
稻草包黄鳝
　　——溜啦
稻草肚子棉花心
　　——虚透了

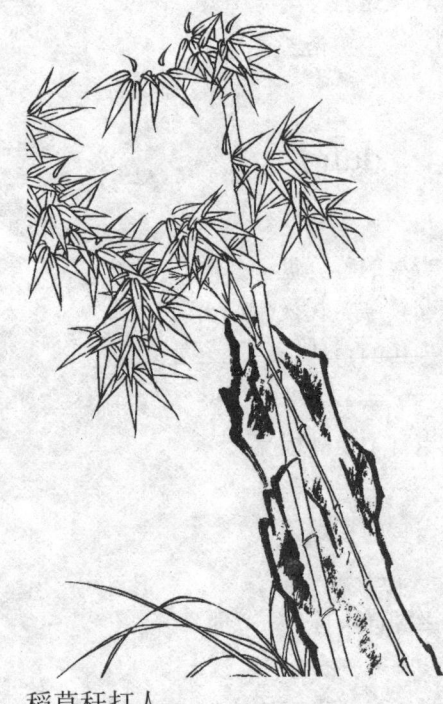

稻草秆打人
　　——软弱无力
稻草灰
　　——随人捏
稻草人放火
　　——害人先害己
稻草绳子拔河
　　——经不住拉
稻秆敲锣
　　——不响

稻田里的稗子
——你算哪棵苗
稻田里拉犁耙
——拖泥带水
稻子去了皮
——白人(仁)儿

de

得病不吃药
——熬
得阑尾动手术
——除恶务尽
得陇望蜀
——贪得无厌
得牛还马
——礼尚往来
得鱼丢钩
——忘恩负义

deng

灯草撑屋梁
——做不了主(柱)
灯草打老牛
——无关痛痒
灯草抵门
——不可靠
灯草灰过大秤
——没分量

灯草灰咽肚里
——说话没分量
灯草剖肚
——开心
灯草烧灰
——飘飘然
灯草织布
——枉费心机
灯草做火把
——一亮而尽
灯蛾扑火
——自焚
灯笼点蜡烛
——肚里明
灯笼救火
——自焚
灯笼救人
——自焚
灯笼做枕头
——承受不起
灯谜晚会
——耐人寻味
灯下点烛
——白费蜡
灯芯草挑刺
——太软
灯盏添油
——不变心
灯盏无油
——光费心(芯)
登上泰山想升天
——好高骛远

登太行望运河
　　——远水不解近渴
蹬着刀尖进虎口
　　——步步危险
蹬着耗子当成牛
　　——吹的
蹬着梯子上天
　　——没门儿
等公鸡下蛋
　　——没指望
凳子比桌子还高
　　——没大没小
凳子上抹石灰
　　——白挨
瞪着眼吹死猪
　　——长吁短叹

di

低头狗
　　——暗下口
笛子吹火
　　——到处泄气
地府里屙屎
　　——懒鬼
地瓜地里种豆角
　　——纠缠不清
地瓜冒热气
　　——熟透了
地窖里聊天
　　——说黑话

地里的庄稼苗
　　——顺风倒
地上的蚂蚁
　　——数不清
地上的野草
　　——除不尽
地上的影子
　　——你走他也走
地上栽电杆
　　——正直
地主老爷的碗
　　——难端
弟兄俩分家
　　——另起炉灶

dian

点火的爆竹
　　——一肚子气
点火上轿
　　——照价(嫁)
点了黄豆不出苗
　　——孬种
点名不到
　　——没出席
电灯泡上点香烟
　　——其实不然(燃)
电灯照雪
　　——明明白白
电风扇的脑袋
　　——专吹冷风

电话断了线
　　——说不通
电话局的话务员
　　——耳听八方
电线杆当套马杆
　　——用材不当

电线杆顶上雕花
　　——手艺高
电线杆上插土豆
　　——大小是个头
电线杆上挂邮箱
　　——高兴(信)
电线杆上拉胡琴
　　——大老粗
电线杆上晒衣服
　　——好大的架子
电线杆做牙签
　　——进不了口
电线上的风筝
　　——缠上了
电影里放电视
　　——戏中有戏
电子显微镜
　　——明察秋毫

店铺里的蚊子
　　——吃客
垫着铺盖睡觉
　　——高枕无忧

diao

叼着鲜花放屁
　　——美不遮丑
貂蝉嫁吕布
　　——英雄难过美人关
碉堡里伸机枪
　　——伺机伤人
雕花师傅戴眼镜
　　——精雕细刻
吊骆驼上楼
　　——费力不讨好
吊起的冬瓜
　　——头重脚轻
吊扇下面拉家常
　　——讲风凉话
吊死鬼打花脸
　　——色鬼
吊死鬼瞪眼
　　——死不瞑目
吊死鬼照镜子
　　——自己吓唬自己
钓上来的鱼
　　——自己上钩
钓鱼钩变成针
　　——以曲求伸

掉进冰水里
————寒心
掉进染缸里
————一世洗不清
掉进水里的手鼓
————打不响
掉了箍的水桶
————散了板
掉毛的麒麟
————不如胜
掉下井的秤砣
————扶(浮)不上来
掉在油缸里的老鼠
————滑头滑脑

die

跌倒还要抓把沙
————不落空
跌下崖的汽车
————翻了
碟子里的开水
————三分钟的热劲
碟子里洗澡
————不知深浅
碟子里栽牡丹
————根底浅

ding

丁丁猫挖眼睛
————不要脸
钉耙戴斗笠
————尖上拔尖
钉头碰着铁头
————硬对硬
钉子烂了顶
————抠不出来
顶大风过独木桥
————担风险
顶刀子求雨
————豁出命来
顶风撑船
————划不来
顶风放屁
————自己搞臭自己
顶架的牛
————好斗
顶梁柱当柴烧
————屈材
顶石头上山
————多此一举
顶头上长眼睛
————目中无人
顶着碾盘唱戏
————自讨苦吃
顶着娃娃骑驴
————多此一举

94

定航的班机
　　——继往开来

diu

丢金碗捡木勺
　　——得不偿失
丢了斗笠
　　——冒(帽)失
丢了砍柴刀打樵夫
　　——忘本
丢了铁锤担灯草
　　——拈轻怕重
丢了羊群捡羊毛
　　——大处不算小处算
丢了邮包
　　——失信了
丢下黄羊打蚊子
　　——不知哪大哪小
丢下犁耙拿扫帚
　　——里里外外一把手

dong

东方欲晓
　　——渐渐明白
东家的饭碗
　　——难端
东篱补西壁
　　——顾此失彼

东吴杀人
　　——嫁祸于人
东吴招亲
　　——弄假成真
东岳庙的二胡
　　——鬼扯
冬瓜大的茄子
　　——不论(嫩)

冬瓜钱算在葫芦上
　　——混账
冬瓜敲木钟
　　——没多大响声
冬瓜上霜
　　——两头光
冬瓜下山
　　——滚了
冬天吃梅子
　　——寒酸
冬天打雷
　　——没有的事
冬天的腊鸭
　　——硬撑
冬天的癞蛤蟆
　　——装死

冬天的蚂蚁
　　——不露头
冬天的泡桐树
　　——光棍一条
冬天的旋风
　　——成不了气候
冬天的竹笋
　　——出不了头
冬天喝凉水
　　——寒心
冬天卖凉粉
　　——不识时务
冬天摇蒲扇
　　——不知春秋
冬天种麦子
　　——怪哉（栽）
冬天坐长椅
　　——坐冷板凳
冬月里的甘蔗
　　——甜透了心
冬至已过
　　——来日方长
冬瓜熬清汤
　　——乏味
董存瑞炸碉堡
　　——视死如归
董卓进京
　　——来者不善
动物园里的长颈鹿
　　——身高气傲
冻豆腐
　　——难办（拌）

冻河上赶鸭子
　　——大家耍滑
洞房里过十五
　　——花好月圆
洞庭湖里的野鸭
　　——无人管
洞庭湖里捞针
　　——想得到，办不到
洞庭湖里漂根草
　　——渺小

dou

兜里的钱,锅里的肉
　　——跑不了
斗败的老牛
　　——不服气
斗大的线团子
　　——难缠
斗大的字不识半口袋
　　——睁眼瞎
斗鸡上阵
　　——横眉竖眼
斗笠出烟
　　——冒（帽）火
斗篷烂边
　　——顶好
豆饼充饥
　　——白欢喜
豆饼干部
　　——上挤下压

豆腐板上下象棋
——无路可走
豆腐拌腐乳
——越弄越糊涂
豆腐挡刀
——自不量力
豆腐店的买卖
——软货
豆腐店里的东西
——不堪一击
豆腐垫床脚
——白挨
豆腐掉在痰盂里
——洗不清
豆腐炖骨头
——有软有硬
豆腐耳朵
——爱听谗言
豆腐坊的石磨
——道道多
豆腐干煎腊肉
——有言(盐)在先
豆腐垒基脚
——底子软
豆腐脑儿挑子
——两头热
豆腐盘成肉价钱
——不合算
豆腐身子
——经不起摔打
豆腐渣包饺子
——捏不拢

豆腐渣擦屁股
——没完没了
豆腐渣炒樱桃
——有红有白
豆腐渣垫地基
——底子软
豆腐渣糊门
——不沾(粘)板
豆腐渣下水
——散了

豆腐渣蒸馒头
——散了
豆腐做匕首
——软刀子
豆芽拌粉条
——内外勾结
豆芽包饺子
——内中有弯
豆芽的一生
——总受压
豆芽做拐杖
——太嫩
豆渣糊窗户
——两不沾(粘)

歇后语大全

97

逗猫惹狗
　　——无事生非
逗猫上柱
　　——诱惑
逗哑巴挨口水
　　——自讨没趣

du

毒日头下的雪人
　　——快垮了
毒蛇出洞
　　——伺机伤人
毒蛇进竹筒
　　——一头钻到底
毒蛇爬行
　　——没正道
毒太阳底下的露水
　　——就要干了
毒蜘蛛织网
　　——碰不得
读书人当兵
　　——文武双全
独膀子打拳
　　——露一手
独臂老人作揖
　　——露一手
独根灯草
　　——一条心
独根蜡烛
　　——无二心

独桨撑船
　　——过不得大海
独脚凳
　　——站不住
独木桥
　　——难过
独木桥上唱猴戏
　　——不要命
独木桥上散步
　　——走险
独木桥上走骆驼
　　——担风险的事
独眼看戏
　　——一目了然
独眼龙看电影
　　——一目了然
堵住笼子抓鸡
　　——一个也跑不了
赌场里的赌棍
　　——孤注一掷
杜十娘的百宝箱
　　——全部家当在里头
肚里长牙齿
　　——心里狠
肚里肠子一丈五
　　——没变心
肚里吃了鞋帮
　　——心里有底
肚里开飞机
　　——内行(航)
肚里容不得一根毛
　　——心胸太小

肚里装着冰坨子
　　——说话冷冰冰、硬邦邦
肚皮里安电灯
　　——心里亮
肚皮上磨刀
　　——好险
肚脐打呵欠
　　——妖(腰)气
肚脐眼插钥匙
　　——开心
肚脐眼长笋子
　　——胸有成竹
肚脐眼儿点灯
　　——心照不宣

肚脐眼里说话
　　——妖(腰)言
肚脐眼里通电
　　——心明眼亮
肚痛点眼睛
　　——无济于事
肚子饿了填黄连
　　——自讨苦吃
肚子里长草
　　——闹饥荒
肚子里长瘤子
　　——心腹之患
肚子里撑船
　　——内行(航)
肚子里磨刀
　　——秀(锈)气在内
肚子里塞石头
　　——心里沉重
肚子里照灯笼
　　——自家心里明白
渡船过河
　　——划得来
镀金的佛像
　　——华而不实

duan

肚脐眼里藏书
　　——满腹经纶
肚脐眼里点眼药
　　——心里有病

端公打令牌
　　——吓鬼
端公打坐
　　——装神弄鬼

端坐的泥像
　　——有人样,没人味
端水缸救人
　　——费力不小,收获不大
端午节拜年
　　——不是时候
端午节吃饺子
　　——与众不同
端午节划龙舟
　　——载歌载舞
端午节卖历书
　　——过时货
端午节赛马
　　——走着瞧
端着鸡蛋过山涧
　　——操心过度(渡)
端着鸡蛋走夜路
　　——提心吊胆
短板子搭桥
　　——不顶用
短木搭桥
　　——难到岸
断了半边腿的蝎子
　　——团团转
断了翅膀的凤凰
　　——神气不了
断了翅膀的鸟
　　——飞不高
断了发条的钟
　　——不走了
断了脊梁骨的癞皮狗
　　——没骨气

断了捻子炮仗
　　——不想(响)
断了腿的老虎
　　——欲凶无力
断了腿的螃蟹
　　——跑不了
断了腿的青蛙
　　——没跑
断了弦的二胡
　　——不想(响)
断了线的风筝
　　——身不由己
断了线的梭子
　　——自钻空子
断了线的珠子
　　——提不起来
断了轴的手推车
　　——不走了
断藤的西瓜
　　——满地乱滚
断尾巴蜻蜓
　　——有头无尾
断线的喇叭
　　——不声不响
缎子被面麻布里
　　——表里不一
锻工的榔头
　　——趁热打铁

dui

对空撒灰
——害人先害己
对门吹笛子
——斗气
对牛吟诗
——不入耳
对天鸣枪
——吓唬人
对阵下棋
——纸上谈兵
对着穿衣镜作揖
——自我崇拜
对着棺材唱大戏
——死不听
对着棺材许愿
——哄死人
对着镜子扮鬼脸
——丑化自己
对着镜子亲嘴
——自恋
对着镜子说话
——自言自语
对着镜子说漂亮
——自我欣赏
对着聋子打鼓
——充耳不闻
对着桑树骂槐树
——指桑骂槐

对着水缸吹喇叭
——有原因(圆音)
对着坛子打屁
——憋气

对着砚台梳头
——没影的事
对着张飞骂刘备
——寻着惹气
对着赵云摔阿斗
——收买人心
碓窝里舂米
——实(石)打实(石)
碓窝里舂夜叉
——捣鬼
碓窝里栽葱
——根子硬
碓窝吞下肚
——实(石)心眼

101

dun

蹲在茅坑问香臭
　　——明知故问
蹲在皮球里过日子
　　——受尽窝囊气
钝刀切肉
　　——不快
钝镰刀割麦
　　——拉倒

duo

多吃了盐巴
　　——爱管闲(咸)事

多年的寡妇
　　——老手(守)
多年的朋友
　　——老交情
多年的师傅
　　——老把式
垛泥匠不拜佛
　　——心里有底
垛塑匠不敬泥菩萨
　　——谁不知道谁
躲过野牛碰上虎
　　——一个更比一个凶
躲雨躲到城隍庙
　　——尽见鬼
躲在暖房的小偷
　　——不寒而栗

E

e

峨眉山的猴子
　　——机灵得很
峨眉山上的泉水
　　——细水长流
鹅吃草,鸭吃谷
　　——各人享各人福
鹅卵石放鸡窝
　　——混蛋
鹅盆里不准鸭插嘴
　　——独食独吞
鹅头装在鸭颈上
　　——不像样
鹅吞鸡头
　　——卡壳了
额头上长眼睛
　　——眼界高
额头上倒冰水
　　——从头凉到脚
额头上挂钥匙
　　——开眼界
额头上刻个王字
　　——成不了虎
额头上写字
　　——明摆着
额头上着火
　　——急在眼前
恶狗看见棍棒
　　——又恨又怕
恶狗咬天
　　——狂妄(汪)
恶虎斗狼群
　　——寡不敌众
恶狼扒门
　　——成心糟蹋人
恶狼和疯狗做伴
　　——坏到一块了
恶狼落陷阱
　　——作恶到头了
恶狼学狗叫
　　——没怀好意

恶狼遭雷劈
　　——恶贯满盈
恶狼捉老鼠
　　——饥不择食

恶老雕皮帽
　　——假充鹰
恶老婆骂街
　　——四邻不安
恶魔对丑怪
　　——一对坏
恶人的棍子
　　——随身带
恶人先告状
　　——反咬一口
饿瘪的臭虫
　　——见缝就钻
饿肚汉啃鸡爪
　　——解不了馋
饿狗争食
　　——自相残杀

饿鬼与苦鬼
　　——都是一号
饿汉抢骨头
　　——争嘴吃
饿虎吃樱桃
　　——馋红了眼
饿虎舔米汤
　　——不过瘾
饿狼吃羊羔
　　——生吞活剥
饿狼口里夺骨头
　　——好大的胆
饿狼扑兔子
　　——抓住不放
饿狼吞泥土
　　——没有人味
饿猫衔鱼
　　——嘴紧
饿着肚子造反
　　——借机(饥)闹事
鳄鱼挂念珠
　　——冒充善人
鳄鱼上岸
　　——来者不善

er

儿媳妇怀孕
　　——装孙子
儿子成亲父做寿
　　——好事成双

耳朵长在膝盖上
——懒得听
耳朵漏风
——听不进
耳朵塞驴毛
——装聋
耳朵上挂板子
——打听打听
耳朵眼里下棋
——摆不开阵势
二八月的天气
——忽冷忽热
二八月的衣服
——形形色色
二八月的庄稼
——青黄不接
二八月干活
——不冷不热
二八自行车
——好大的架子
二尺长的笛子
——神吹
二齿钉耙锄地
——有两下子
二齿钩子搔痒
——是把硬手
二大娘腌咸菜
——有言(盐)在先
二大娘肿脸
——更难看
二分钱开个店
——穷张罗

二杆子做活
——傻干
二姑娘的针线包
——花色多
二姑娘架老鹰
——招架不住
二姑娘上轿
——扭扭捏捏
二姑娘绣荷包
——细功夫
二斤半锅饼
——够呛
二郎神出战
——尽是天兵天将
二郎神吹笛子
——神吹
二郎神的慧眼
——有远见
二愣子报丧
——慌里慌张
二愣子做活
——猛一阵
二两棉花十张弓
——谈(弹)不得
二两铁打大刀
——不够料
二流子烧香
——鬼都不信
二流子学徒
——混日子
二十八岁大姑娘
——享(想)福(夫)了

二十九过年
　　——小劲(进)
二十四磅榔头敲钢板
　　——响当当
二十岁长胡子
　　——少年老成
二十一天不出鸡
　　——坏蛋
二踢脚上天
　　——空想(响)

二小子不拉纤
　　——顺水推舟
二小子穿大褂
　　——规规矩矩
二小子丢钱包
　　——傻了眼
二心的夫妻
　　——同床异梦
二月的闷雷
　　——想(响)得早
二月的青蛙
　　——呱呱叫

F

fa

发臭的酸奶
——坏透了
发大水出丧
——天灾人祸
发大水放排
——随波逐流
发高烧的病人
——神志不清
发酵粉子
——能吹嘘
发了霉的葡萄
——一肚子坏水
发霉的沙黄豆
——不香
发面的酵子
——是个引子
发面馒头送闺女
——实心实意

发射出去的火箭
——扶摇直上
发射卫星上天
——一鸣惊人
法官住班房
——知法犯法

fan

翻穿皮袄过草原
——装佯(羊)
翻过来的面袋子
——空了
翻了篓的螃蟹
——到处横行
翻着旧皇历找好日子
——倒退
樊梨花下西凉
——马到成功
番薯脑壳檀木心
——不灵通

反转葫芦,倒转蒲扇
　　——出尔反尔
饭店里卖服装
　　——有吃有穿
饭店门前卖瘟猪
　　——不知趣
饭店墙上挂蒜瓣
　　——零揪
饭罐子打断耳
　　——不能提了
饭锅上的茄子
　　——软货
饭盒里盛稀饭
　　——装糊涂
饭勺子上的苍蝇
　　——混饭吃
饭桌上的盘子
　　——没把柄
范进中举
　　——喜疯了

fang

方不方,圆不圆
　　——没有规矩
方字比万字
　　——差一点
房顶的窟窿
　　——漏洞
房顶开门
　　——六亲不认

房顶落雪
　　——不声不响
房顶上扒窟窿
　　——不是门
房顶上的冬瓜
　　——两边滚
房顶上盖房
　　——漏(楼)
房顶上栽花
　　——难交(浇)
房间里闹鬼
　　——怪物(屋)
房梁刻图章
　　——大材小用
房梁上挂鸡子儿
　　——悬蛋
房梁上挂辣椒
　　——一串一串的
房梁做锄把
　　——大材小用
房上的草
　　——刮来的种儿
房头立雀
　　——明摆着
房檐上玩把戏
　　——不要命
房檐下的石头
　　——轮(淋)不着
房子着了抢东西
　　——趁火打劫
仿造的商标
　　——冒牌货

纺纱厂的烂线团
——头绪太乱
放大镜看报纸
——显而易见
放大镜下的细菌
——显而易见
放大镜照臭虫
——原(圆)形毕露
放风筝断了线
——没指望了
放火烧山林
——不顾根本
放了气的皮球
——软蛋
放鸟儿出笼
——各奔前程
放屁踩着药捻子
——赶到点子上了
放屁吹灯
——各练一功
放屁打鼓
——赶到点子上了
放屁捂屁股
——小心过分
放屁咬紧牙
——暗里使劲
放屁砸着脚后跟
——倒霉透了
放下担子聊天
——歇后语
放咸鱼落塘
——死活不管

放鸭子上山
——错了地方
放羊的拾柴禾
——捎带
放羊娃打酸枣
——捎带活

fei

飞奔的火车
——一日千里
飞过麻雀也要扯根毛
——爱占便宜
飞机打飞机
——空对空
飞机的屁股
——尾巴翘上了天
飞机放屁
——一溜烟
飞机上摆手
——高招
飞机上唱大戏
——高调
飞机上打拳
——高手
飞机上打仗
——放空炮
飞机上的婚礼
——空喜
飞机上的客人
——高贵

飞机上吊邮筒
——高兴(信)
飞机上观天
——目空一切
飞机上过秤
——高标准
飞机上开会
——高谈阔论
飞机上扔石头
——一落千丈
飞机上跳舞
——空喜
飞机上装大粪
——臭气熏天
飞机着火
——倒栽葱
飞了鸭子打了蛋
——两头空
肥狗咬主人
——忘恩负义
肥脚螃蟹
——大家(夹)
肥皂穿云
——轻松
肥皂泡当镜子
——成了泡影
肥猪戴盔甲
——浑身不自在
肥猪跑进屠户家
——送上门的肉
肥猪上屠场
——挨刀的货

fen

坟地里拉弓
——色(射)鬼
坟里埋砒霜
——阴毒
坟头打拳
——吓鬼
坟头上耍大刀
——吓死人

坟头上捅杆子
——搅死人
坟头种牡丹
——死风流
粉板上写字
——不久长

粉搽到屁股上
　　——不顾脸面
粉球滚芝麻
　　——多少沾点
粉刷的乌鸦
　　——白不久
粪巴牛叫门
　　——臭到家
粪船过江
　　——装死(屎)
粪堆上插鲜花
　　——臭美
粪堆上栽桩子
　　——臭光棍
粪缸盖上下棋
　　——臭趣相投
粪缸里泡过的石头
　　——又臭又硬
粪坑上吹喇叭
　　——臭名远扬
粪筐上的窟窿
　　——死(屎)心眼
粪筐上的眼
　　——死(屎)窟窿
粪里的蛆
　　——没骨头
粪桶里洗萝卜
　　——反惹一身臭

feng

丰收年景的粮囤子
　　——冒尖
风不摇树不动
　　——事出有因
风车过马路
　　——没辙
风吹灯草
　　——心不定
风吹鸡毛
　　——忽上忽下
风吹落叶
　　——一扫光
风吹马尾
　　——千丝万缕
风吹麦苗
　　——一边倒
风吹墙头草
　　——两边倒
风吹云朵
　　——飘浮不定
风刮尘土
　　——不费吹灰之力
风刮帽子扣麻雀
　　——意外收获
风口上点油灯
　　——吹了
风马牛
　　——不相及

风门上的皮条
——来回拽
风扫杨花
——下落不明
风匣改棺材
——装人
风箱换上鼓风机
——一个比一个会吹

疯狗咬月亮
——狂妄(汪)
疯姑娘讲笑话
——嘻嘻哈哈
蜂糖蒸核桃仁
——又甜又香
蜂窝里挖蛋
——想被蜇了

风扬石滚
——真能吹
风筝脱了线
——摇摇欲坠
风中鹅毛
——无影无踪
疯狗的脾气
——见人就咬
疯狗跳墙头
——逼出来的
疯狗咬人
——叼住不放

逢年过生日
——双喜临门
缝衣针当锥子使
——难通过
缝衣针对钻头
——针锋相对
凤凰跌到鸡窝里
——落魄了
凤凰麻雀换巢
——贵贱颠倒
凤凰身上插鸡毛
——多此一举

凤凰下鸡
　　——一代不如一代
凤仙花结籽儿
　　——碰不得
凤有凤巢,鸟有鸟窝
　　——互不相干

fo

佛爷的眼珠儿
　　——动不得
佛爷脸上刮金子
　　——刻薄

fu

夫妻吵架
　　——难断是非
夫妻反目
　　——事出有因
夫妻俩打铁
　　——对手
夫妻俩看热闹
　　——又说又笑
夫妻俩下饭馆
　　——对吃对喝
夫妻推磨
　　——尽绕圈子

伏天的蝈蝈
　　——叫得欢
伏天的烂鱼
　　——臭货
伏天的太阳
　　——毒极了
扶不上树的鸭子
　　——贱骨头
扶起篱笆就是墙
　　——不牢靠
扶着醉汉过破桥
　　——上晃下摇
服务员上茶
　　——和盘托出

浮在水面上的草
　　——无依无靠
斧砍三江水
　　——不断流

斧头劈水
　　——白费力气
斧头凿木
　　——一物降一物
釜底抽薪
　　——奄奄一息(熄)
父子猜拳
　　——爷俩好

父子观虎斗
　　——大惊小怪
富贵人家的小姐
　　——弱不禁风
腹中容不得一根毛
　　——肚量小

G

ga

旮旯里藏毒蛇
　　——不露头
嘎小子买烧鸡
　　——闹了个大窝脖

gai

盖房请来箍桶匠
　　——找错了人
盖了九床被子做美梦
　　——想不透
盖了三年的破被
　　——老套子

gan

干草点灯
　　——十有九空
干池塘里的青蛙
　　——盼下雨
干打雷不下雨
　　——虚张声势
干地拾鱼
　　——白捡
干旱的庄稼
　　——熟得早
干河沟的鱼
　　——跑不了
干河滩里露牡丹
　　——好景不长
干活打瞌睡
　　——迷迷糊糊
干辣椒
　　——串起来了

干萝卜缨熬汤
——乏味
干墨鱼摆阵仗
——弥天大谎
干泥巴做元宵
——搓不圆
干手粘芝麻
——不上手
干塘里的鲤鱼
——蹦跶不了几天
干塘里的泥鳅
——滑不到哪里去
干塘抓野鱼
——人人有份
干鱼肚里寻胆
——少见

甘露寺里的刘备
——安然无恙
甘蔗拔节
——一节也不通
甘蔗当烟囱
——不通气
甘蔗地里长草
——荒唐(糖)

甘蔗地里栽葱
——比人家矮一截
甘蔗林里种香瓜
——从头甜到脚
甘蔗命
——吃一节算一节
甘蔗皮编席子
——甜蜜(密)
甘蔗支危房
——不顶用
肝脏的兄弟
——窝囊废(肺)
赶场带相亲
——一举两得
赶场走进死胡同
——行不通
赶场做买卖
——随行就市
赶车不拿鞭子
——拍马屁
赶车的过泥塘
——轱辘进去了
赶狗入死巷
——反咬一口
赶鸡下河
——硬往死里逼
赶脚的不问道
——路子对头
赶脚的骑驴
——只图眼前快活
赶龙王下海
——巴不得

赶马车的打响鞭
　　——虚张声势
赶马车人的草料袋
　　——草包
赶庙会失孩子
　　——活丢人
赶牛进鸡舍
　　——门路不对
赶牛下崖
　　——硬往死里逼
赶鸭子上坡
　　——各顾各(咯咕咯)
赶鸭子上树
　　——办不到
赶着绵羊上火焰山
　　——硬往死里逼
赶着牛车拉大粪
　　——送死(屎)
赶着王母娘娘叫大姑
　　——想沾点仙气
橄榄屁股
　　——坐不稳
擀面杖吹火
　　——一窍不通
擀面杖打飞机
　　——高不可攀
擀面杖分长短
　　——大小各有用场
擀面杖灌米汤
　　——滴水不进
擀面杖升云天
　　——诽谤(飞棒)

擀面杖钻石关
　　——纹丝不动

gang

刚备鞍的马驹
　　——挨鞭子的日子到了
刚扯帆就遇顶头风
　　——出师不利
刚出壳的小鸡
　　——翅膀不硬
刚出炉的纯钢
　　——宁折不弯
刚出炉的铁
　　——心底纯正
刚出山的太阳
　　——红光满面
刚出生的娃娃
　　——没见过世面
刚出水的虾子
　　——活蹦乱跳
刚出土的黄连
　　——苦苗苗
刚逮住的鲤鱼
　　——乱蹦乱跳
刚飞的鸟儿
　　——不知高低
刚揭盖的蒸笼
　　——热气腾腾
刚结婚的黄花女
　　——羞羞答答

刚进庙的和尚念佛经
——现学现唱
刚落地的雨水
——浑浊不清
刚买来的马
——难合群
刚扭的苦瓜
——苦极了
刚上蒸笼的馒头
——面生
刚摘的黄瓜
——一时鲜
缸里点灯
——照里不照外
缸里盛酒
——不在乎(壶)

缸中倒豆
——不藏不掖
钢板上钉钉
——硬过硬
钢刀落肚
——割心肠
钢丝穿豆腐
——没法提
钢丝绳穿针
——难通过

钢针屁股上的眼
——只认衣衫不认人
钢珠落玉盘
——响当当

gao

高飞的鸟儿遇老鹰
——凶多吉少
高个子跌跤
——差(叉)得远
高个子走到屋檐下
——不得不低头
高级合金钢
——够硬
高举拳头轻轻放
——手下留情
高粱秆儿拴骡子
——拉倒
高粱秆做鞭杆
——经不起摔打
高粱秆做磨棍
——有劲使不上
高粱秆做梯子
——上不去
高粱地里打阳伞
——难顶难撑
高粱地里栽葱
——矮一截子
高粱地里种玉米
——秋后见高低

高粱秆上结茄子
　　——不可思议
高粱秆挑水
　　——担当不起
高粱秆推磨子
　　——玩不转
高粱秆做眼镜
　　——空架子
高粱撒在麦子地
　　——杂种
高俅当太尉
　　——一步登天
高山顶上搭台子
　　——高高在上
高山顶上放风筝
　　——起点高
高山砌屋
　　——图风流
高山上的青松
　　——四季常青
高山上的雪莲
　　——一尘不染
高山上滚石头
　　——永不回头
高山头种辣椒
　　——红到顶了
高山有好水,平地有好花
　　——各有所长
高射炮打坦克
　　——水平太低
高射炮的眼睛
　　——向上看

高速公路
　　——畅通无阻
高兴得四脚爬地
　　——得意忘形
高音喇叭掉井里
　　——哇啦不上来了
稿子写到边
　　——不够格

ge

戈壁滩上的黄沙
　　——无穷无尽
戈壁滩上的石头
　　——明摆着
戈壁滩上找泉水
　　——难极了
疙瘩饼子送闺女
　　——实心实意
哥俩并坐
　　——亲密无间
哥俩坐班房
　　——难兄难弟
胳膊弯里打凉扇
　　——两袖清风
胳膊窝里夹皮球
　　——气胀人
胳膊肘
　　——往里拐
胳膊肘里灌醋
　　——酸溜溜的

胳肢窝里夹耗子
　　——冒充打猎人
鸽子光拣高门楼飞
　　——忘本
割韭菜,剥黄麻
　　——一码是一码
割韭菜不用镰刀
　　——胡扯
割了猫尾巴拌猫食
　　——自己吃自己
割麦不用镰刀
　　——连根拔
割麦刮大风
　　——一团糟
割下鼻子换面吃
　　——不要脸
搁浅的船
　　——进退两难
哥俩上京城
　　——同奔前程
革鞋无样
　　——边打边像
隔壁美妇人
　　——爱不得
隔长江抛媚眼
　　——无人理会
隔肚皮估仔女
　　——难猜
隔沟看见鸭吃谷
　　——干瞪眼
隔黄河送秋波
　　——没人领情

隔门缝吹喇叭
　　——名(鸣)声在外
隔年的臭虫
　　——瘪了
隔年的春联
　　——无用
隔年的黄豆
　　——油盐不进
隔年的鸡子儿
　　——坏蛋
隔年的馒头
　　——早发了
隔墙点灯
　　——谁也不沾谁的光
隔墙果子分外甜
　　——人家的好
隔墙看花
　　——伸不得手
隔墙扔簸箕
　　——反复不定
隔墙扔孩子
　　——丢人
隔墙扔盒子
　　——非(飞)礼

隔墙扔五脏
　　——死心塌地
隔日的传票
　　——盯(钉)上了
隔山打鸟
　　——见者有份
隔山放羊
　　——一辈子不见畜牲面
隔山攻道
　　——各有其法
隔山买牛
　　——两不见面
隔宿猪头
　　——冷脸
隔外套搔痒
　　——不过瘾
隔夜的馊饭
　　——要不得
隔夜的鱼眼
　　——红得发紫
隔着玻璃窗亲嘴
　　——里应外合
隔着玻璃看戏
　　——一眼看穿
隔着窗户咬耳朵
　　——偏听偏言
隔着河摆手
　　——承情不过
隔着井跳河
　　——舍近求远
隔着门缝看吕洞宾
　　——小看贤(仙)人

隔着筛子看人
　　——把人看零散了
隔着山头吹喇叭
　　——对不上号
隔着山头拉手
　　——差得远
各米下各锅
　　——哪个怕哪个

gei

给白人戴黑帽人
　　——诬赖好人
给刺儿头理发
　　——难题(剃)
给老虎医病
　　——提心吊胆
给神主剃头
　　——羞(修)先人
给下山虎开路
　　——头号帮凶

gen

跟狗交朋友
　　——离了吃喝不行
跟和尚借梳子
　　——强人所难
跟诸葛亮学本事
　　——能掐会算

跟着猴子会钻圈
——学坏了
跟着老爷喝酒
——沾光
跟着秃子走路
——沾光
跟着巫师做神汉
——学坏了
跟着英雄学好样
——跟着啥人学啥人

geng

更夫打瞌睡
——白吃干饭
耕地里甩鞭子
——吹(催)牛

gong

工地上打夯
——靠猛劲

公共厕所里响地雷
——激起公愤(粪)
公共汽车过站头
——一靠就走
公鸡戴帽子
——官(冠)上加官(冠)
公鸡飞上屋脊
——唱高调
公鸡头上插鹅毛
——一语(羽)双关(冠)
公鸡下蛋猫咬狗
——不可思议
公鸡钻篱笆
——进退两难
公鸡钻灶
——官僚(冠燎)
公牛打架
——有闯(撞)劲
公孙并坐
——大小不分
公羊下羔
——没指望
公要馄饨婆要面
——众口难调
公子娶小姐
——两相配
公子重耳拾破烂
——饱不充饥

gou

狗背上贴膏药
———两不沾(粘)
狗长犄角
———装佯(羊)
狗扯羊肠
———越扯越长
狗吃芥末(调味品,味辣)
———干瞪眼
狗吃麻花
———干脆
狗吃青草
———装佯(羊)
狗吃王八
———找不到头
狗打哈哈
———一张臭嘴
狗逮老鼠猫看家
———反常
狗戴箩筐
———藏头露尾
狗逗鸭子
———呱呱叫
狗吠月亮
———少见多怪
狗喝凉水
———耍舌头
狗黑子跑到戏台上
———当面出丑

狗见了主人
———摇头摆尾
狗啃骨头
———津津有味
狗啃麦根
———装佯(羊)
狗啃石狮子
———不可思议
狗啃象
———不自量
狗脸上长毛
———翻脸不认人
狗撵耗子
———多管闲事
狗撵鸭子
———呱呱叫
狗怕棍子牛怕鞭
———一物降一物
狗皮帽子
———没反正
狗皮袜头儿
———没大没小
狗屁股塞黄豆
———一窍不通
狗撒皮袄
———乱扯
狗上锅台
———不识抬举
狗舔空沙罐
———淡而无味
狗舔猫鼻子
———居心不良

狗舔磨台
——瞎转悠
狗舔油
——一扫光
狗挑门帘
——露一鼻子
狗偷热油粑
——又爱又怕
狗头摆在餐桌上
——不相称
狗头长角
——出洋(羊)相
狗头军师
——尽出鬼点子
狗头上插花
——配不上
狗头上戴眼镜
——装人样
狗吐舌头
——热得很
狗腿子进村
——四邻不安
狗吞辣椒
——够呛
狗尾巴上的露水
——一甩就脱
狗掀门帘
——全仗一张嘴
狗熊戴礼帽
——装大人物
狗熊弹琴
——没音

狗熊见了刺猬
——奈何不得
狗熊拉磨子
——不听招呼
狗熊爬树
——上劲
狗熊请客
——没人上门
狗熊耍门棍
——人熊家伙笨
狗熊吸烟
——少见多怪
狗熊捉麻雀
——瞎扑打
狗眼看人
——咬穷不咬官
狗咬包子
——露馅
狗咬秤砣
——好硬的嘴
狗咬锻磨的
——找着挨锤
狗咬赶猪的
——挨鞭子的货
狗咬耗子
——多管闲事
狗咬回头食
——反扑
狗咬吉普车
——少见多怪
狗咬老鹰
——差得远

狗咬雷公
　　——惹天祸
狗咬吕洞宾
　　——不识好人心
狗咬门板
　　——吃不开
狗咬屁股
　　——肯定(啃腚)
狗咬旗杆
　　——不知高低
狗咬日头
　　——狂妄(汪)
狗咬瓦片
　　——满嘴词(瓷)
狗咬尾巴
　　——团团转
狗咬粽子
　　——解不开
狗走千里吃屎,狼行千里吃肉
　　——本性难移
狗嘴巴上贴对联
　　——没门
狗嘴里的骨头
　　——没多久长

狗嘴里丢骨头
　　——投其所好

gu

姑娘爱花,小子爱炮
　　——各有所好
姑娘的线蛋子
　　——有头绪
姑娘绣荷包
　　——专心致志
孤独的羔羊
　　——无娘的崽
孤儿院下棋
　　——穷快活
孤军误入口袋阵
　　——好进难出
孤老头子光棍儿子
　　——相依为命
孤子遇亲人
　　——喜出望外
箍桶匠的本领
　　——成人方圆
箍桶匠修撮箕
　　——分外事
古董店里的老板
　　——眼里识货
古董店里的老鼠
　　——碰不得
古董贩子
　　——眼里识货

古董摊上的东西
　　——尽卖高价
古坟里的字画
　　——该表(裱)了
古坟里起烟
　　——鬼火直冒
古庙里的旗杆
　　——老光棍
古曲演奏
　　——老调重弹
古篆碑额
　　——难理会
谷糠擦屁股
　　——不利索
谷糠搓绳
　　——难合股
谷糠蒸窝头
　　——捏不拢
谷子地里长高粱
　　——冒尖
谷子地里长玉米
　　——突出
谷子里的石头
　　——甩了
牯牛拼命
　　——钩心斗角
牯牛身上拔根毛
　　——微不足道
牯牛陷在泥潭里
　　——进退两难
骨头硬在喉咙里
　　——吞不下,吐不出

骨头里熬油
　　——得之不易
鼓肚蛤蟆钻喇叭
　　——忍气吞声
鼓上安电扇
　　——吹牛皮
故宫里插杨柳
　　——树(竖)不起来
顾上烧火,顾不得翻锅
　　——手忙脚乱

gua

瓜地里挑瓜
　　——挑得眼花
瓜地里选瓜
　　——越看眼越花
瓜熟蒂落
　　——时机成熟
瓜藤绕到豆棚上
　　——纠缠不清
瓜子敬客
　　——一点心
瓜子去了皮
　　——心上人(仁)
瓜子虽小
　　——是人(仁)心
刮大风穿绸衫
　　——抖起来了
刮风扫地,下雨泼街
　　——假积极

刮风扫地
　　——多余
寡妇打孩子
　　——舍不得
寡妇进当铺
　　——要人没人,要钱没钱

寡妇卖孩子
　　——最后一着
寡妇上坟
　　——哭天抹泪
寡妇选郎
　　——随心所欲
挂起犁杖当钟敲
　　——穷得丁当响
挂娃看戏
　　——欢天喜地
挂着腊肉吃斋
　　——难熬
挂着蚊帐点蚊香
　　——多余
挂着羊头卖狗肉
　　——言行不一

guai

拐杖吹火
　　——一窍不通
拐子追马
　　——望尘莫及

guan

关灯打婆娘
　　——暗里使劲
关帝庙里找美髯公
　　——保你不扑空
关东大侠
　　——气概非凡
关公脖子挂葫芦
　　——脸红脖子粗
关公打喷嚏
　　——自我吹嘘(须)
关公当木匠
　　——大刀阔斧
关公斗李逵
　　——大刀阔斧
关公开刀铺
　　——货真价实
关公流鼻血
　　——红上加红
关公卖豆腐
　　——人强货不硬

关公面前耍大刀
——不自量
关公舞大刀
——拿手好戏
关公在曹营
——心不在焉
关公战秦琼
——乱了朝代
关公走麦城
——死到临头
关进笼里的狗熊
——团团转
关进笼子里的猴子
——抓耳挠腮
关老爷赴宴
——单刀直入
关老爷看《春秋》
——一目了然
关了闸的喇叭
——一声不响
关门踩高跷
——自看自高
关门唱山歌
——自我欣赏
关门炒辣椒
——够呛
关门打狗
——死挨揍
关门打叫花子
——拿穷人开心
关门打锣
——名(鸣)声在外

关门打拳
——里手
关门打瞎子
——跑不了
关门过日子
——自家知底细
关门挤了鼻子
——碰了个巧茬
关门骂皇帝
——家里横
关门摸瞎子
——没跑
关门养虎
——后患无穷
关羽降曹操
——身在曹营心在汉
关羽失荆州
——骄兵必败
关云长放屁
——不知脸红
关云长守嫂嫂
——情义为重
关云长说《三国》
——光说过五关斩六将,不说走麦城
关住门打财神
——穷极了
观景上泰山
——回头见高低
观世音菩萨
——有求必应

观音的肚腹
　　——慈善心肠
观音菩萨打喷嚏
　　——好神气
观音菩萨的五脏
　　——一肚子泥
观音菩萨年年十八
　　——妙龄(庙灵)
观音菩萨下毒手
　　——面善心不善
观音菩萨下崽
　　——天知道
观音菩萨坐莲台
　　——高高在上
观音堂里填窟窿
　　——不妙(补庙)
官仓里的大老鼠
　　——肥吃肥喝
官老爷出告示
　　——百姓该死
官老爷的衙门
　　——难进
官老爷上朝
　　——按部就班
官老爷下轿
　　——不(步)行
棺材板上画花
　　——讨好鬼
棺材当马槽
　　——用材不当
棺材老板咬牙
　　——恨人不死

棺材里打粉
　　——死风流
棺材里打锣
　　——吵死人
棺材里的臭虫
　　——咬死人
棺材里抹狗屎
　　——死臭
棺材里撒灰
　　——欺侮死人
棺材里伸手
　　——死要钱
棺材里讨账
　　——逼死人
棺材里抓痒
　　——不知死活
棺材铺里打牙祭
　　——要死人
棺材铺偷工减料
　　——坑死人
棺材上画美女
　　——逗死人
棺材头放炮竹
　　——吓死人

管水员开闸门
　　——放任自流
管中窥豹
　　——略见一斑
罐头食品
　　——吃得开
罐子里捣蒜
　　——一锤子买卖
罐子里掏虾米
　　——抓瞎（虾）
罐子里栽花
　　——活不久
罐子里煮牛头
　　——不深入
冠军和亚军
　　——数一数二

guang

光膀子玩刀山
　　——早晚有他的好看
光膀子找机枪
　　——赤膊上阵
光棍对光棍
　　——二杆子
光棍儿搬家
　　——省事
光棍儿分田
　　——单干
光棍儿过日子
　　——孤单得很

光棍儿种地
　　——自食其力
光脚丫穿拖鞋
　　——提不起来
光脚丫进冰窖
　　——凉到底了
光脚丫走进蒺藜窝
　　——进退两难
光叫的猫
　　——捉不住老鼠
光脑壳上落苍蝇
　　——明摆着
光屁股赶贼
　　——胆大不害臊
光屁股上吊
　　——羞死人
光屁股上战场
　　——胆大不害臊
光屁股推磨
　　——转圈丢人
光起风不下雨
　　——干吹
光身子骑老虎
　　——胆大不害臊
光说不练
　　——嘴巴子戏
光头跑进和尚庙
　　——充数
光头上拍巴掌
　　——正大（打）光明
光有鼓槌子
　　——打不响

广东人说北京话
　　——南腔北调

gui

鬼门关止步
　　——出生入死
鬼子兵弄刀枪
　　——杀气腾腾
鬼子扫荡大拉网
　　——十室九空
刽子手的本领
　　——杀人的勾当
刽子手红了脸
　　——凶相毕露
刽子手咧嘴
　　——笑里藏刀
贵妃娘娘叹气
　　——不顺心
桂林三花酒
　　——好冲
跪着养猪
　　——看在钱分上

gun

滚石下山
　　——一砸到底
滚水锅煮娃娃
　　——熟人
滚水开锅
　　——热气腾腾
滚水泡茶
　　——又浓又香
滚水泡米花
　　——开心

滚水泼蚂蚁
　　——一窝都是死
滚油锅里捡金子
　　——下不了手
滚油锅里撒盐巴
　　——炸了
滚油锅里炸油条
　　——翻来覆去

guo

锅边上的小米
　　——熬出来的
锅底上戳窟窿
　　——捅娄子
锅盖穿洞
　　——出了气

锅盖做风箱
——受了热气受冷气

锅里的鸡
——难飞

锅里的螃蟹
——横行不了几时

锅里的鱼
——别想跳了

锅炉房里的灯笼
——气昏了

锅巴做灯影子
——焦人

锅台上的油渣
——练(炼)出来的

锅台上种瓜
——难发芽

锅嫌水壶黑
——不知自丑

锅中煮粥
——同归糜(米)烂

锅子里炒石头
——不进油盐

国际商船
——外行(航)

裹脚布放风筝
——臭名远扬

裹脚头子放风筝
——又臭又长

裹着脑袋上吊
——撕(死)不开脸面

过冬的田螺遇春水
——扬眉吐气

过冬的咸菜缸
——泡着吧

过端午的龙头
——光耍嘴

过河拆桥
——不留后路

过河抽板
——没良心

过河的牛尾巴
——拽不动

过河的卒子
——横竖都行

过河洗脚
——一举两得

过河拽胡子
——谦虚(牵须)

过街的老鼠
——人人喊打

过了河丢拐棍
——忘本

过了劲的发面
——软作一堆

过了筛子的黄豆
——没大没小

过滤了的空气
　　——新鲜
过路客喂马
　　——做事不当事
过路人吊丧
　　——死人肚里明白
过年吃豆渣
　　——穷极了
过年的猪
　　——活不久

过年敲锅盖
　　——穷得丁当响
过年娶媳妇
　　——双喜临门
过期的车票
　　——失效了
过五关斩六将
　　——气概非凡

H

ha

哈巴狗逮老鼠
　　——像猫没猫的本事
哈巴狗见主人
　　——摇尾乞怜
哈巴狗叫猫
　　——乱认当家子
哈巴狗没了眼珠
　　——瞎神气
哈巴狗上墙头
　　——紧抓挠
哈巴狗摇尾巴
　　——献殷勤
哈巴狗坐墙头
　　——硬装
哈尔滨的冰雕
　　——冷冰冰，硬邦邦
哈哈镜
　　——走了样

哈密瓜泡冰糖
　　——甜上加甜
蛤蟆吃黄蜂
　　——倒挨一锥
蛤蟆打饱嗝
　　——气胀的
蛤蟆带笼头
　　——好大的脸皮
蛤蟆戴帽子
　　——充矮胖子
蛤蟆荡秋千
　　——摆不起来
蛤蟆的眼睛
　　——突出
蛤蟆的嘴
　　——唱不出好歌
蛤蟆顶桌子
　　——自不量力
蛤蟆挂铃铛
　　——吵闹不休
蛤蟆过河
　　——一鼓作气

蛤蟆蝌子害头痛
　　——浑身是病
蛤蟆爬上樱桃树
　　——想吃高味
蛤蟆晒肚
　　——仰面朝天
蛤蟆生气
　　——干鼓肚
蛤蟆跳到牛背上
　　——自以为大
蛤蟆跳井
　　——不懂(扑通)
蛤蟆跳台阶
　　——又蹲屁股又伤脸
蛤蟆吞西瓜
　　——难下口
蛤蟆想吞天
　　——好大的口气
蛤蟆追兔子
　　——差远了
蛤蟆嘴底下落苍蝇
　　——白送一口肉
蛤蟆坐轿子
　　——不识抬举

hai

孩子的脊梁
　　——小人之辈(背)
海豹子上山
　　——办不到

海参长刺
　　——不扎人
海底长海带
　　——根子深
海底打捞绣花针
　　——难办
海底的坑洼
　　——摸不透
海底捞月
　　——白忙一场
海底栽葱
　　——根底深
海关大钟
　　——到时候就报
海椒命
　　——老来红
海里的礁石
　　——时隐时现
海蛎上岸
　　——甭想张嘴
海龙王打哈欠
　　——好大的口气
海龙王的喽啰
　　——虾兵蟹将
海龙王找女婿
　　——汤里来,水里去
海螺壳里睡觉
　　——不肯露头
海水里长大的官
　　——管得宽
海滩上开店
　　——外行

海蜇头做帽子
——装滑头
海子里的虾米
——翻不起浪
害啥病吃啥药
——对症下药

han

含冰糖说好话
——甜言蜜语
含糖睡觉
——梦里甜
寒潮消息
——冷言冷语
寒冬的电扇
——令人生畏
寒冬腊月吃冰水
——点点入心
寒冬腊月的马蜂窝
——空空洞洞
寒冬腊月送扇子
——不识时务
寒号鸟晒太阳
——得过且过
寒暑表
——有升有降
寒天吃冰棍
——心里有火
韩湘子出家
——一去不复返

韩湘子吹笛
——不同凡响
韩湘子吹箫
——不同凡响
韩湘子的花篮
——要啥有啥
韩信点兵
——多多益善
韩信伐楚
——明修栈道,暗度陈仓
汉高祖斩白蛇
——一刀两断
旱地的乌龟
——无地容身
旱地的鱼虾
——活不长
旱地里的蛤蜊
——横行不了几天
旱地里的蛤蟆
——干鼓肚
旱苗得雨
——正逢时
旱天的井
——水平太低
旱田里的泥鳅
——钻得深
旱鸭子过河
——不知深浅
旱鸭子追猫
——紧赶
旱烟袋打狗
——坏了杆了

hang

航空兵操纵
——随机应变

hao

好斗的公鸡
——肥不了
好斗的山羊
——又顶又撞
好儿无好媳
——美中不足
好汉不吃眼前亏
——识时务
好汉上梁山
——逼出来的
好花插在牛粪上
——可惜
好花离了土
——活不成
好马不吃回头草
——倔强
好马遭鞭打
——忍辱负重
好女嫁丑汉
——不般配
好女嫁歹汉，驴子吃牡丹
——搭配不当

好人堆里挑坏人
——不多
好人喊冤
——不平则鸣
好人坐班房
——不白之冤
好心当做驴肝肺
——不识好歹

好心遭雷打
——冤枉
号嘴上塞棉花
——没法吹
耗子进箱
——蚀(食)本
耗子搬家
——穷折腾
耗子充蝙蝠
——白熬夜
耗子出洞
——准没好事
耗子打洞
——找门路
耗子打秋千
——头朝下

耗子戴眼镜
——鼠目寸光
耗子倒洞
——走后门
耗子的眼
——见识短
耗子登风车
——尽走回头路
耗子掉水缸
——时髦(湿毛)
耗子跌米缸
——悲喜交加
耗子跌面缸
——白眼看人
耗子盯小偷
——贼眉鼠眼
耗子动刀
——窝里反
耗子逗猫
——惹祸上身
耗子和蛤蟆交朋友
——不怀好意
耗子滑冰
——溜得快
耗子进风箱
——找气受
耗子看粮仓
——监守自盗
耗子啃菜刀
——死路一条
耗子啃碟子
——满嘴词(瓷)

耗子啃骆驼
——大有油水可捞
耗子啃木头
——吃不消
耗子啃书本
——咬文嚼字
耗子啃玉米棒
——顺杆(秆)爬
耗子窟窿
——填不满
耗子磨牙
——没活找活
耗子爬秤钩
——自称自
耗子爬到牛角上
——自高自大
耗子爬竹竿
——一节节来
耗子皮做衣领
——不消(硝)
耗子上吊
——猫逼的
耗子算卦
——搁下爪就忘
耗子舔猫屁股
——送死
耗子跳到钢琴上
——乱谈(弹)
耗子跳火坑
——爪干毛净
耗子拖牛
——大干一场

歇后语大全

138

耗子尾巴
——长不壮
耗子尾巴上长癣
——小毛病
耗子眼看天
——小瞧
耗子在铁板上打洞
——钻不透
耗子钻进乱麻堆
——没有头绪
耗子钻鸟笼
——你算哪头鸟
耗子钻油坊
——吃香
耗子钻灶火
——不死也要脱层皮
耗子吃海椒
——够呛
耗子坐大堂
——署（鼠）官

he

喝敌敌畏跳井
——必死无疑
喝海水长大的
——见过风浪
喝酒不拿盅子
——胡（壶）来
喝酒尿裤子
——松包

喝开水吃菜
——各有所爱
喝老陈醋长大的
——光说酸话
喝凉水剔牙缝
——穷要面子
喝凉水栽跟头
——装晕
喝了迷魂汤
——神魂颠倒
喝了烧酒烤火
——浑身发热
喝了五味汤
——啥滋味都有
喝了御酒
——有功之臣
喝水用筷子
——故作姿态
喝松花江水长大的
——管得宽
喝西北风堵嗓子
——倒霉透了
喝足酒跳太湖
——罪（醉）该万死
合起来讲五句
——三言两语
何仙姑要下凡
——六神无主
和尚拜堂
——外行
和尚别发卡
——调（挑）皮

和尚不吃豆腐
　　——怪哉(斋)
和尚打架
　　——抓不到辫子
和尚打阳伞
　　——无法(发)无天
和尚戴礼帽
　　——与众不同
和尚到了姑子庵
　　——不妙(庙)
和尚的儿子
　　——捡的
和尚的帽子
　　——平铺
和尚的木鱼
　　——不打不响
和尚的念珠
　　——一连串
和尚的住处
　　——妙(庙)
和尚分家
　　——多事(寺)
和尚开门
　　——突(秃)出
和尚看花轿
　　——一场空欢喜
和尚买梳子
　　——无用
和尚摸头
　　——没法(发)
和尚起立
　　——突(秃)起

和尚敲木鱼
　　——老一套
和尚去云游
　　——出事(寺)了
和尚杀牛
　　——口善心恶
和尚头上的虱子
　　——明摆着
和尚训道士
　　——管得宽
和尚摘帽子
　　——头名(明)
和尚住茅棚
　　——没事(寺)
和尚坐岩洞
　　——没事(寺)
和孙猴子比跟头
　　——相差十万八千里
河边上逮螃蟹
　　——有一个捉一个
河里长菜
　　——不焦(浇)
河里打墙
　　——把鳖的路挡了
河里的凉水
　　——不值钱
河里的木偶
　　——随大流
河里的泥鳅
　　——老奸巨猾
河里的鸳鸯
　　——一对儿

河里赶大车
　　——没辙
河里捞不到鱼
　　——抓瞎(虾)
河里王八爬上岸
　　——亮亮相
河南到河北
　　——两省

河水不犯井水
　　——互不相干
河滩里盖房子
　　——靠不住
河滩上的石头
　　——没角没棱
河中的浮萍
　　——扎不下根
核桃里的肉
　　——不敲不出来
核桃皮翻肚
　　——点子不少
荷包里的东西
　　——十拿九稳
荷包里装针
　　——锋芒毕露
荷花出水
　　——一尘不染
荷叶包钉子
　　——一个个想出来
荷叶包鳝鱼
　　——溜之大吉
荷叶包蟹
　　——露爪了
鹤立鸡群
　　——才貌出众

hei

黑板上写字
　　——抹掉了重来
黑灯瞎火跳舞
　　——暗中作乐
黑地里穿针
　　——难过
黑地里张弓
　　——暗藏杀机
黑蜂子扑火
　　——有去无回
黑老鸦下了个白鸡蛋
　　——就当自己长得白
黑李逵碰见猛张飞
　　——见面就崩
黑毛乌鸦
　　——不足为奇

黑天过河
——不知深浅
黑头演花旦
——变了角色
黑瞎子(狗熊)按键盘
——乱弹琴
黑瞎子吃石榴
——满肚子熊点子
黑瞎子打花脸
——熊样
黑瞎子打立正
——一手遮天
黑瞎子叫门
——熊到家了
黑瞎子举千斤鼎
——身大力不亏
黑瞎子扭身
——大反扑
黑瞎子捧刺猬
——棘手
黑瞎子上轿
——谁抬你啊
黑瞎子耍门扇
——人熊家伙笨
黑瞎子跳井
——熊到底了
黑瞎子钻灶筒
——难过
黑瞎子坐轿
——没人抬举
黑瞎子坐月子
——吓(下)熊了

黑旋风的本名
——理亏(李逵)
黑夜里追人
——无影无踪
黑纸糊灯笼
——不明不白

heng

哼哈二将斗法
——喷云吐雾
横匾压塌龙王庙
——好大的牌子
横扛竹子
——进不得城
横着扁担走路
——霸道
横着竹竿进城
——行不通
横着竹竿进宅
——不入门

hong

烘炉里的王八
——干瘪(鳖)
红鼻绿眼的鬼
——没安好心
红花女做媒
——自身难保

歇后语大全

红萝卜菜放辣椒
　　——把你没放在眼里
红萝卜雕神像
　　——饮食菩萨
红萝卜掉油篓
　　——又奸(尖)又猾(滑)
红娘挨打
　　——成全好事
红娘牵线
　　——成人之美
红漆粪缸
　　——臭讲究
红头火柴
　　——一擦就着
红纸蒙灯笼
　　——装面子
红着眼睛咬着牙
　　——怀恨在心
洪水淹粮仓
　　——泡汤了

洪泽湖的鱼鹰
　　——老等
鸿雁传书
　　——空来往

hou

喉咙长刺口生疮
　　——说不出好话来
喉咙口使勺子
　　——淘气
喉咙里发痒
　　——伸不得手
喉咙里灌铅
　　——张口结舌
喉咙里伸出手来
　　——嘴太馋
猴吃辣椒
　　——抓耳挠腮
猴戴皮巴掌
　　——毛手毛脚
猴儿吃芥末
　　——翻白眼
猴儿拿棒槌
　　——胡抡
猴儿爬石崖
　　——显出你的能耐
猴儿上树
　　——爬得快
猴儿耍大刀
　　——胡砍

猴儿捉虱子
——抓耳挠腮
猴屁股扎蒺藜
——坐立不安
猴王闹天宫
——大打出手
猴学样
——装相
猴子扳玉米
——掰一个,丢一个
猴子吃大蒜
——翻白眼
猴子吃了蒜
——挠着屁股转
猴子吃麻糖
——扒拉不开
猴子舂米
——乱冲(舂)
猴子穿花衣
——光显自己漂亮
猴子穿衣服
——冒充人
猴子戴金冠
——惹祸大王
猴子戴凉帽
——不知几品
猴子戴手套
——毛手毛脚
猴子戴眼镜
——假斯文
猴子的屁股
——自来红

猴子登台
——一出没有(指无戏可唱)
猴子看果园
——监守自盗
猴子看戏
——干瞪眼
猴子扛大梁
——受不了
猴子拉犁
——顶牛
猴子拉稀
——坏肚肠
猴子捞月亮
——一场空
猴子爬上旗杆顶
——高高在上
猴子爬树
——乱窜
猴子爬皂角树
——遇上棘手事
猴子骑老虎
——下不来
猴子骑骆驼
——往上蹿
猴子扇扇子
——学人样
猴子上旗杆
——顺杆爬
猴子耍扁担
——胡抡
猴子捅马蜂窝
——倒挨一锥

猴子偷黄连
——自讨苦吃
猴子偷南瓜
——滚的滚,爬的爬
猴子推磨
——玩不转
猴子学人样
——装相
猴子照镜子
——里外不是人
猴子争衔烟斗
——假装
猴子坐到旗杆上
——唯我独尊
猴子坐火箭
——远走高飞
猴嘴里掏枣,狗嘴里夺食
——难办
后半夜做美梦
——好景不长
后颈窝抹血
——假充挨刀
后脑壳上的头发
——难见面
后脑勺拍巴掌
——背后整人
后娘打孩子
——暗里使劲
后娘坟上哭鼻子
——假装
后主降魏
——不知羞耻

厚皮黄牛
——宜打不宜牵
候车室里的挂钟
——群众观点

hu

呼延庆打雷
——奉命来的
囫囵吃枣
——独吞
囫囵啃石榴
——先苦后甜
狐狸拜年
——用心歹毒
狐狸吵架
——一派胡(狐)言
狐狸吃不到的葡萄
——全是酸的
狐狸吃刺猬
——下不了口
狐狸打马蜂
——不知道厉害
狐狸戴草帽
——不是人
狐狸的尾巴
——藏不住
狐狸掉进污水池
——又臊又臭
狐狸放屁
——臊气

狐狸进村
　　——没安好心
狐狸进宅院
　　——来者不善
狐狸看鸡
　　——越看越稀
狐狸骑老虎
　　——狐假虎威
狐狸想天鹅
　　——得不到口

狐狸想偷天上月
　　——梦想
狐狸钻罐子
　　——藏头露尾
胡萝卜搬家
　　——挪挪窝
胡萝卜戴草帽
　　——红人儿
胡萝卜掉进腌菜坛
　　——泡着吧
胡萝卜叫鹰
　　——越叫越远

胡萝卜就烧酒
　　——图个干脆
胡萝卜刻的小孩儿
　　——红人
胡萝卜下酒
　　——干干脆脆
胡敲梆子乱击磬
　　——高兴一时是一时
胡琴与琵琶合奏
　　——谈(弹)到一块去了
胡同里跑马
　　——直来直去
胡同里演戏
　　——口上热闹
胡屠户的女婿
　　——犯劲(范进)
胡子上的饭,牙缝里的肉
　　——没多大一点
胡子上挂霜
　　——一吹就了
胡子贴膏药
　　——毛病
湖底的鱼
　　——打不起来
猢狲穿衣裳
　　——像个人似的
猢狲戴帽子
　　——学做人
猢狲推泰山
　　——自不量力
葫芦掉井里
　　——上不着天,下不着地

葫芦蜂的窝
——心眼多
葫芦锯了把儿
——没嘴儿
葫芦里卖药
——不知底细
葫芦里装糯米饭
——好进难出
葫芦里装水
——为的是嘴
葫芦头爬屋脊
——两边滚
葫芦下水
——吞吞吐吐
糊涂官判案
——是非不清
糊涂老婆
——乱当家
糊涂庙里糊涂神
——糊涂到一块了
蝴蝶群舞
——花花世界
虎伴羊睡
——靠不住
虎口里的人
——生死未定
护城河的王八
——混年号

hua

花岗岩下油锅
——扎实(炸石)
花岗岩做招牌
——牌子硬
花公鸡的尾巴
——翘得高
花骨朵碰在屠刀上
——心碎
花果山的猴子
——无法无天
花果山上没外姓
——一窝孙
花和尚穿针鼻
——大眼瞪小眼
花架下养鸡鸭
——煞风景
花匠捧仙人球
——扎手
花椒炒生姜
——又麻又辣
花椒树
——浑身是刺
花椒水洗脸
——麻痹(皮)
花轿到了家门口
——喜气盈盈
花轿里的新娘
——不露脸

花轿前的乐队
　　——大吹大擂
花狸猫卧房顶
　　——活受(兽)
花了眼的婆婆绣花
　　——看不清
花落结个大倭瓜
　　——看也看了,吃也吃了
花木瓜
　　——空好看
花瓶里种树
　　——大不了
花前月下散步
　　——触景生情
花钱买死马
　　——得不偿失
花蛇过溪
　　——弯弯曲曲
花生壳,大蒜皮
　　——一层管一层
花生米掉锅里
　　——熟人(仁)

花头鸡
　　——惹事多
花心萝卜充人参
　　——冒牌货
花眼婆绣花
　　——模糊不清
花针对麦芒
　　——尖对尖
花子进庙
　　——穷祷告
花子婆娘翻跟头
　　——穷折腾
花子早起
　　——穷忙
华容道上放曹操
　　——不忘旧情
华佗当医生
　　——名副其实
华佗行医
　　——名不虚传
化脓的疖子
　　——不攻自破
化妆表演
　　——改头换面
画笔敲敲
　　——有声有色
画虎不成反类犬
　　——弄巧成拙
画匠不给神作揖
　　——知道你是哪块地里有呢
画里的大饼
　　——不能充饥

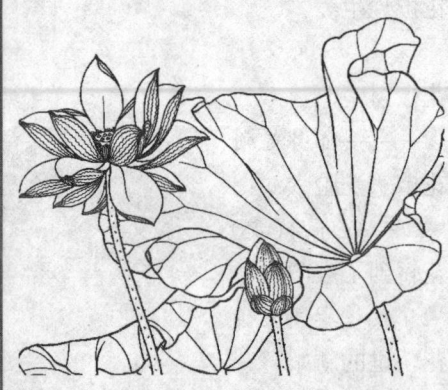

画面上的酒菜
　　——叫人眼饱肚饥
画上的春牛
　　——中看不中用
画上的马
　　——不见起(骑)
画上的美人儿
　　——爱不得
画上的元宝
　　——不值钱的货
画蛇添足
　　——多此一举
桦木拐杖
　　——宁折不弯

huai

怀臭求芳
　　——不可多得
怀揣火炉
　　——热心
怀揣雪人
　　——寒心
怀儿婆的口粮
　　——两人一份
怀里揣刀子
　　——居心不良
怀里揣黄连
　　——辛(心)苦
怀里揣镜子
　　——心里明亮

怀里揣马勺
　　——诚(盛)心
槐树上要枣吃
　　——强人所难
槐树下弹琴
　　——苦中作乐
坏鬼军师
　　——专出坏主意

huan

换汤不换药
　　——老一套

huang

皇帝补皮鞋
　　——难逢(缝)
皇帝出朝
　　——驾到
皇帝出宫
　　——前呼后拥
皇帝打架
　　——争天下
皇帝的交椅
　　——至高无上
皇帝的妈妈
　　——太厚(后)
皇帝老爷发酒疯
　　——咋说咋有理

皇帝剃光头
——不要王法(发)
皇上吃窝头
——装穷
皇上拍桌子
——盛(圣)怒
皇上下令
——一言为定
黄豆地里的西瓜
——数它大
黄豆切细丝
——功夫到家了
黄豆煮豆腐
——父子相认
黄飞虎战关云长
——刀对刀
黄盖挨板子
——自讨的
黄狗当马骑
——胡来
黄瓜拉秧
——塌架子
黄瓜敲木钟
——一声不响
黄河决了口
——一泻千里
黄河里的水
——说不清
黄鹤楼上看翻船
——幸灾乐祸
黄鹤楼上看行人
——把人看矮了

黄昏时的燕子
——不想高飞
黄酱掉在裤裆里
——不是死(屎),也是死(屎)
黄连拌生姜
——辛苦了
黄连炒猪头
——苦了大嘴
黄连泡茶
——自讨苦吃
黄连树上雕字
——刻苦

黄连树上结糖梨
——甜果都从苦根来
黄连树下吃桂圆
——苦中有甜
黄连树下喊上帝
——叫苦连天
黄连树下种苦瓜
——苦生苦长
黄连水里煮汤圆
——又苦又甜
黄连水洗头
——苦恼(脑)
黄毛娃娃坐上席
——人小辈大

黄泥巴做馍馍
——土包子
黄牛打喷嚏
——笨嘴拙舌
黄牛的肚子
——草包
黄牛拉磨
——慢工出细活
黄牛落水
——各顾各
黄牛咬黄连
——吃苦耐劳
黄沙里搀水泥
——合在一起干
黄鳝爬犁头
——狡猾(绞铧)
黄鳝上沙滩
——不死一身残
黄鼠狼拜狐狸
——一个更比一个坏
黄鼠狼背兔子
——心有余而力不足
黄鼠狼吃鸡毛
——填不饱肚子
黄鼠狼抽了筋
——浑身打哆嗦
黄鼠狼戴花
——臭美
黄鼠狼挡汽车
——自不量力
黄鼠狼的脾气
——偷鸡摸蛋

黄鼠狼叼鸡
——有去无回
黄鼠狼躲鸡棚
——不是偷也是偷
黄鼠狼给鸡拜年
——没安好心
黄鼠狼给鸡送礼
——不怀好意
黄鼠狼过水田
——拖泥带水
黄鼠狼和狐狸结亲
——臭味相投
黄鼠狼见了鸡
——眼馋
黄鼠狼借鸡
——有借无还
黄鼠狼进宅院
——来者不善
黄鼠狼落难
——作恶到头了
黄鼠狼泥墙
——小手小脚
黄鼠狼娶媳妇
——小打小闹
黄鼠狼拖牛
——自不量力
黄鼠狼闻不出屁臭
——气味相投
黄鼠狼下刺猬
——一窝不如一窝
黄鼠狼下崽
——一窝不如一窝

黄鼠狼钻粪堆
　　——又臊又臭
黄头火柴
　　——一碰就发火
黄羊的尾巴
　　——长不了
黄忠上阵
　　——老当益壮

hui

灰堆吹喇叭
　　——乌烟瘴气
灰堆烧山药
　　——混(灰)蛋

hun

浑身贴膏药
　　——毛病不少
浑水池子
　　——看不透
浑水洗澡
　　——越来越糟

huo

豁牙子拜师傅
　　——无耻(齿)之徒

豁牙子过冬
　　——唇亡齿寒
豁牙子说话
　　——含糊其辞
豁牙子咬牛筋
　　——难嚼难咽
豁子吵嘴
　　——谁也别说谁
豁子喝米汤
　　——无耻(齿)下流
活剥兔子
　　——扯皮
活人跳进滚水里
　　——不死扒层皮
活鱼掉进醋缸
　　——肉烂骨头酥
活鱼丢在沙滩上
　　——干蹦干跳
火把换灯笼
　　——明来明去
火柴把上绑鸡毛
　　——胆(掸)子小
火柴棍搭桥
　　——难过
火柴盒做棺材
　　——成(盛)不了人
火柴与火药
　　——一碰就发火
火车不开
　　——推着走
火车带车皮
　　——勾(钩)搭得紧

火车抵头
——互不相让
火车进隧道
——长驱直入
火车开到马路上
——越轨
火车拉笛
——名(鸣)声大
火车离轨
——寸步难行
火车离了道
——越轨
火车轮子上轨道
——切实可行
火车上马路
——出轨
火车上演戏
——载歌载舞
火车头拉纤
——独出心裁

火车头没灯
——前途无量(亮)
火车厢里赛歌
——高歌猛进
火车响汽笛
——一鸣惊人
火车扎进高粱地
——没辙
火车站的轨道
——四通八达
火车站的铁轨
——道道多
火鸡比天鹅
——差远了
火镰对火石
——一碰就发火
火炉子里浇油
——火气太大
火盆里栽牡丹
——不知死活
火钳子上阵
——算不得兵器
火烧芭蕉
——不死心
火烧鞭炮
——一触即发
火烧草料场
——逼上梁山
火烧草山
——没有救
火烧大梁
——长叹(炭)

歇后语大全

火烧灯草
　　——灰心
火烧房子还瞧唱本
　　——沉得住气
火烧蜂房
　　——乱哄哄
火烧棺材
　　——逼死人
火烧寒暑表
　　——直线上升
火烧猴屁股
　　——团团转
火烧胡子
　　——练(炼)嘴
火烧胡子
　　——祸在眼前
火烧金銮殿
　　——没地(帝)位
火烧裤裆
　　——痛不可言
火烧栗子
　　——气炸了
火烧莲花寺
　　——妙哉(庙灾)
火烧岭上捡田螺
　　——难寻
火烧茅草
　　——不死心
火烧乌龟
　　——心里痛
火烧屁股
　　——坐不住

火烧日历
　　——没期啦
火烧套马杆子
　　——长叹(炭)
火烧竹林
　　——尽光棍
火烧竹子
　　——不变节
火烧字帖
　　——自然(字燃)

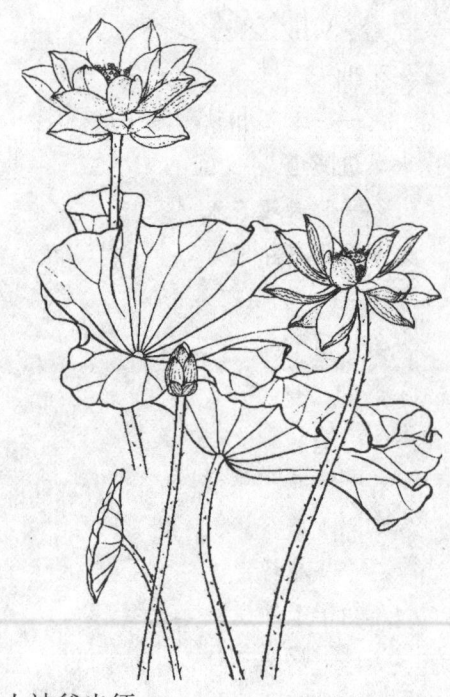

火神爷出征
　　——有将无兵
火神爷待客
　　——热情
火炭掉在头发上
　　——火烧火燎

火炭吞下肚
　　——心急如焚
火星子遇汽油库
　　——闹得天翻地覆
火种掉进干柴堆
　　——一点就着

货郎背包串乡
　　——没挑的
货郎担洗手
　　——撂挑子
货郎鼓
　　——两边摆

J

ji

积木搭墙
　　——一推就倒
畸形人做衣服
　　——另搞一套
击鼓骂曹
　　——当面开销
饥得粗食
　　——不嫌
机帆船赶快艇
　　——老落后
机帆船上装橹
　　——配搭
机关枪打兔子
　　——小题大做
机关枪卡壳
　　——叫不起来了
机关枪上刺刀
　　——连打带刺

机器人
　　——没心没肝
机关枪瞄大炮
　　——直性子对直性子
鸡肠刮油
　　——有也不多
鸡巢里的凤凰
　　——至高无上
鸡吃放光虫
　　——心里亮,肚里明
鸡戴帽子
　　——官(冠)上加官(冠)
鸡蛋里挑骨头
　　——没碴打碴
鸡蛋不生爪
　　——天生这路种
鸡蛋长爪子
　　——能滚能爬
鸡蛋炒鸭蛋
　　——混蛋
鸡蛋掉油缸
　　——圆滑

鸡蛋掉在醋缸里
——酸蛋
鸡蛋掉在马路上
——砸啦
鸡蛋换鸭蛋
——捣(倒)蛋
鸡蛋换盐
——两不见钱
鸡蛋壳垫床脚
——难撑
鸡蛋壳里发面
——没有大发头
鸡蛋筐里放秤砣
——砸啦
鸡蛋里生蛆
——胎里坏
鸡蛋里淌水
——坏蛋
鸡蛋里挑骨头
——吹毛求疵
鸡蛋碰石头
——不自量力
鸡蛋上刮毛
——痴心妄想
鸡孵鸭子
——白忙一场
鸡飞蛋打
——一场空
鸡给黄鼠狼拜年
——自投罗网
鸡公打架
——对头

鸡公戴帽子
——官(冠)上加官(冠)
鸡公给豺狼拜年
——凶多吉少
鸡狗做邻居
——老死不相往来
鸡骨头熬汤
——油水不大
鸡骨头熬油
——没有多大油水
鸡骨头卡在喉咙里
——张口结舌
鸡脚上拴蚂蚱
——飞不了你,蹦不了他
鸡叫启程
——越走越亮堂
鸡衔骨头
——替狗累
鸡笼里睡觉
——睁眼尽窟窿
鸡毛打鼓
——不声不响
鸡公头上的肉
——大小是个官(冠)
鸡毛掸沾水
——时髦(湿毛)
鸡毛当令箭
——假传将令
鸡毛掸子
——尽招灰
鸡毛点灯
——十有九空

歇后语大全

鸡毛掉井里
　　——不声不响
鸡毛过大秤
　　——没有分量
鸡毛上天
　　——轻狂
鸡毛与蒜皮
　　——没多少斤两
鸡梦见小米
　　——尽想好事
鸡脑壳上磕烟灰
　　——几(鸡)头受气
鸡碰到蜈蚣
　　——死对头
鸡尾股拴绳
　　——扯淡(蛋)
鸡群里闯进一只鹅
　　——就你脖子长
鸡群里的鹅
　　——高傲
鸡食盆里的鸭子
　　——多嘴多舌
鸡屎蚊子打呵欠
　　——好大的气魄
鸡死狼吊孝
　　——假慈悲
鸡头烧鸭颈
　　——脸红脖子粗
鸡腿煮豆腐
　　——一勺烩
鸡尾巴上绑扫帚
　　——好伟(尾)大

鸡窝边的黄鼠狼
　　——不轻易回头
鸡窝里打拳
　　——出手不高
鸡窝里打太极
　　——摆不开架势
鸡窝里的蚱蜢
　　——心惊肉跳
鸡窝里放棒槌
　　——捣蛋
鸡窝里生炉火
　　——乌烟瘴气
鸡窝前摔筋斗
　　——笨(奔)蛋
鸡窝里飞出金凤凰
　　——异想天开
鸡鸭共一笼
　　——语言不通
鸡遇黄鼠狼
　　——命难逃

鸡罩里过日子
　　——一身的窟窿
鸡爪上钉掌子
　　——不对题(蹄)

鸡爪烩豆腐
——油水不大
鸡爪子炒菜
——七拱八翘
鸡爪子抓泥
——不是好手
鸡啄闭口蚶
——白费口舌
鸡啄蚂蚱
——正合适(食)
鸡崽跌进米箩
——不愁食
鸡子儿长爪子
——滚的滚,爬的爬
急水滩头的大鲤鱼
——经过风浪
急水滩头放鸭子
——一去不复返
急水滩头停船
——难
急水滩头洗簸箕
——走了腔
急性子碰到慢郎中
——急煞
急需的图章
——刻不容缓
急雨打在水缸里
——心里翻起了泡
集体逃难
——一窝蜂
蒺藜拌草
——不是好料

蒺藜上弹棉花
——越整越乱
脊背上背鼓
——找着挨揍
脊背上长眼睛
——尽往后看
脊背上长嘴
——尽背后说人
脊梁长疮,胸口贴膏药
——不顾后患
脊梁骨上长茄子
——生了外心
济公出家
——吃荤不吃素
济公的扇子
——神通广大
济公趴梁
——没位置
寄槽养马
——爱占便宜
鲫鱼下油锅
——死不瞑目

jia

夹道里截驴
——没有回头的余地
夹火钳子
——一头热
夹生饭
——难吃

夹尾巴的山狸子
——害人
夹着尾巴做人
——忍气吞声
夹子上的老鼠
——跑不了
家里丢了磨
——没法推
家里请吹鼓手
——名(鸣)声在外
家雀变凤凰
——想得好
家雀跟夜猫子飞
——吃食的吃食,熬眼的熬眼
家雀抬扛
——乱嚷嚷
家雀学老鹰
——想得高
家堂底下放鸽子
——门风
家堂里的大门
——不关
家有十五口
——七嘴八舌
甲鱼长胡子
——必(鳖)须
甲鱼唱歌
——别(鳖)调
甲鱼吃甲鱼
——六亲不认
甲鱼吃木炭
——黑心王八

甲鱼的肉
——藏在肚子里
甲鱼翻筋斗
——四脚朝天
甲鱼照镜子
——龟相
贾宝玉出家
——看破红尘
贾宝玉的通灵玉
——命根子
贾宝玉结婚
——不是心上人
贾宝玉看《西厢记》
——戏中有戏
贾府门前的狮子
——死(石)心眼儿
贾家姑娘嫁贾家
——假(贾)门假事(贾氏)
驾车登山
——不进则退
驾驶员罢工
——想不开
架农炮打兔子
——得不偿失
架起锅子等豆子
——准备吵(炒)一吵(炒)
架上的葫芦
——挂起来
架上的葡萄
——一串一串的
假李逵碰到真李逵
——冤家路窄

嫁出的姑娘泼出的水
——不由己
嫁给染匠的婆娘
——贪色

jian

奸狼下了个贼狐狸
——准不是好种
尖扁担挑水
——心挂两头
尖底箩筐
——不稳当
尖尖筷子举凉粉
——滑头对滑头
尖尖鞋
——前紧后松
尖屁股坐石臼
——对上眼了
尖嘴骡子卖驴价
——坏在嘴上
肩膀上放灯笼
——恼(闹)火
肩上戴帽子
——矮了一头
肩头上放花炮
——祸(火)在眼前
煎过三遍的药渣
——早该倒了
捡到的帖子
——难做客

捡个孩子唱大戏
——看你庆哪家的功
捡根铁棒当灯草
——说得轻巧
捡鸡毛的上门
——凑胆(掸)子
捡来的麦子做饼卖
——没本净利
捡了芝麻甩了西瓜
——因小失大
剪刀的口
——张开嘴就咬
碱地里的菜瓜
——又小又尖
见大嫂唤大姑
——不认人
见到猫就怕
——胆小如鼠
见高就拜,见低就啃
——势利眼
见狗扔骨头
——投其所好

见了棺材不落泪
　　——心肠硬
见了火的蜡烛
　　——软不拉叽
见了骆驼言马背肿
　　——少见多怪
见了强盗喊爸爸
　　——只看谁手里有刀
见了王母娘娘喊大姑
　　——攀高亲
见了王母娘娘喊岳母
　　——想娶个天仙女
见了丈母娘叫大嫂
　　——无话找话
见人扯媚眼
　　——卖弄风流
见啥菩萨念啥经
　　——到哪说哪
见蚊子就拔剑
　　——大惊小怪
见物手痒
　　——利欲熏心
毽子上的鸡毛
　　——钻进钱眼里了
箭在弦上
　　——一触即发
箭头离了弦
　　——勇往直前

jiang

江边插杨柳
　　——落地生根
江边的蚊子
　　——吃客
江边上卖水
　　——多此一举
江边洗萝卜
　　——一个个来
江河发大水
　　——一浪高一浪
江河里的小泡泡
　　——渺小
江湖佬卖假药
　　——招摇撞骗
江湖骗子卖假药
　　——有假无真
江里的浪花
　　——不是吹的
江里的木偶
　　——随大流
江南的蛤蟆
　　——难缠(南蟾)
江西人补碗
　　——自顾自(吱咕吱)
江心补漏
　　——不济事
江阴人舞龙灯
　　——节节活(火)

江中的鲤鱼
　　——油(游)惯了
江中浪上兜圈子
　　——团团转
姜太公钓鱼
　　——愿者上钩
姜太公封神
　　——自己没有份
姜太公算卦
　　——未卜先知
姜太公在此
　　——百无禁忌

姜子牙开算命馆
　　——买卖兴隆
姜子牙卖面
　　——折了本
姜子牙娶媳妇
　　——老来喜
将军当农民
　　——解甲归田
将军的元宝
　　——血汗钱
僵蚕放在蚕簇上
　　——一丝不挂

姜太公做买卖
　　——样样赔本
姜子牙的坐骑
　　——四不像
姜子牙火烧琵琶精
　　——现了原形
姜子牙开饭馆
　　——卖不出去自己吃

僵蚕作硬茧
　　——不成功(宫)
缰绳放得长
　　——任你挑(跳)
讲话没人听,下令没人行
　　——光杆司令
讲课还是老一套
　　——屡教不改

讲台上放花盆
——摆设
奖章绑在笤帚上
——名誉扫地
蒋干盗书
——上了大当
酱缸腌肘子
——咸肉一块
酱菜店里的抹桌布
——尝尽辛酸
酱菜缸里泡石头
——一言(盐)难尽(进)
酱醋厂里的斗篷
——遮遮盖盖
酱缸打破
——架子还在
酱缸里冒泡
——闲(咸)气
酱油店里打架
——争风吃醋
油瓶里倒醋
——不知啥滋味
酱油铺里的伙计
——爱管闲(咸)事
酱园店里糖生姜
——外甜内辣
酱坛里装个鳖
——亲员(咸圆)
糨糊盆里打滚
——沾上了

jiao

交警的棍子
——指东指西
交易所的拿破仑
——财棍
胶鞋渗水
——纰(皮)漏
焦了尾巴梢子
——绝后
焦赞与杨排风比武
——处处挨打
胶皮人烤火
——浑身都软了
胶皮鱼篓
——滴水不漏
蛟龙困在沙滩上
——翻不了身
蛟龙造反
——翻江倒海
跤龙头上搔痒
——溜须不要命
饺子露馅
——伤了面皮
饺子破了皮
——露馅
饺子铺的酱油
——白搭
狡兔撞鹰
——以攻为守

脚踩两只船
　　——三心二意
脚踩西瓜皮,手里抓把泥
　　——一溜二抹
脚蹬鼻子
　　——上脸
脚盆里撑船
　　——内行(航)
脚踏楼梯板
　　——步步高升
脚板上拴大锣
　　——走到哪里想(响)到哪里
脚板上扎刺
　　——存心不让走
脚绑石头走路
　　——求稳不求快
脚踩棒槌
　　——立场不稳
脚踩牛屎
　　——一塌糊涂
脚蹭蒺藜
　　——寸步难行
脚打锣,手敲鼓
　　——两头忙
脚戴帽子头顶靴
　　——上下不分
脚蹬擀面杖
　　——不稳当
脚蹬鼻子
　　——上脸
脚底抹油
　　——溜之大吉

脚底下钉钉
　　——寸步难行
脚底下抹石灰
　　——白跑
脚跟朝前走
　　——倒退
脚跟牵绳
　　——拉倒
脚跟拴石头
　　——进退两难
脚后跟朝北
　　——难(南)走
脚后跟拴藤条
　　——拉倒
脚炉盖当镜子
　　——看穿
脚盆和面
　　——不知香臭
脚盆洗脸
　　——不分上下
脚盆洗澡
　　——不知大小
脚上带鞭炮
　　——走哪响哪
脚上戴镣子
　　——寸步难行
脚上的泡
　　——自己走出来的
脚上的袜子
　　——走哪跟哪
脚上扎刀子
　　——离心远着哩

歇后语大全

脚踏两只船
　　——一个也不落实
脚踏跷跷板
　　——一上一下
脚踏乌龟背
　　——心里痛

叫花子搬家
　　——一无所有
叫花子抱着醋坛子
　　——穷酸
叫花子搽粉
　　——穷讲究

脚踏西瓜皮
　　——滑到哪里是哪里
脚丫子上长蒺藜
　　——站不住脚
脚长鸡眼拔火罐
　　——胡摆治
搅拌机里的石子
　　——翻上倒下
叫哈巴狗咬狮子
　　——唆人上当
叫花子安风扇
　　——穷风流

叫花子炒三鲜
　　——要一样没一样
叫花子吃豆腐
　　——一穷二白
叫花子吃葡萄
　　——穷酸
叫花子打狗
　　——手上功夫
叫花子打哈哈
　　——其乐无穷
叫花子打了碗
　　——倾家荡产

叫花子当老板
　　——阔气了
叫花子的家当
　　——破烂货
叫花子丢拐棍
　　——受狗欺
叫花子夫妇调情
　　——穷快活
叫花子赶集
　　——分文没有
叫花子过烟瘾
　　——讨厌(烟)
叫花子哼粉太平调
　　——穷开心
叫花子嫁长工
　　——一对穷
叫花子接彩球
　　——喜出望外
叫花子进贡
　　——穷尽忠
叫花子开店铺
　　——无本生意
叫花子看滑稽
　　——穷开心
叫花子看外婆
　　——两手空
叫花子夸祖业
　　——自己没出息
叫花子敲鼓
　　——穷开心
叫花子练跌打
　　——穷折腾

叫花子卖布
　　——穷扯
叫花子起五更
　　——穷忙
叫花子请客
　　——穷大方
叫花子睡觉
　　——穷困
叫花子讨白面
　　——一穷二白
叫花子提亲
　　——穷凑合
叫花子跳井
　　——穷途末路
叫花子舞讨饭棍
　　——穷开心
叫花子想公主
　　——一厢情愿
叫花子咬牙
　　——穷凶极恶
叫花子照镜子
　　——一副穷相
叫花子捉虱子
　　——十拿九稳
叫花子走清明
　　——两头忙
叫花子醉酒
　　——穷开心
花子做驸马
　　——受宠若惊
叫花子做皇上
　　——喜从天降

歇后语大全

167

叫花子挨骂
——淘(讨)气
叫花子摆堂会
——穷作乐
叫花子不留隔夜食
——一顿光
叫花子唱山歌
——穷开心
叫花子扯二胡
——穷拉
叫花子吃苦瓜
——自讨苦吃
叫花子吃三鲜
——奇遇
叫花子吃死蟹
——只只好
叫花子出龙灯
——穷欢
叫花子打狗
——边打边走
叫花子打死狗
——有祸也不凶
叫花子打算盘
——穷打算

叫花子的打狗棒
——穷棍
叫花子的父母
——穷爹穷娘
叫花子碰上要饭的
——穷对付
叫花子请长工
——大家挨饿
叫花子请客
——穷凑合
叫花子求签
——上上大吉
叫花子娶媳妇
——一对穷
叫花子伸脚
——灯(蹬)草
叫花子洗澡
——穷干净
叫花子要黄连
——自讨苦吃
叫花子坐金銮殿
——一步登天
叫花子做皇帝
——不知怎好
叫林黛玉抡板斧
——强人所难
叫驴拉磨
——不等上套先开腔
叫你上坡,你偏下河
——有意捣乱
叫人吃砖头
——难言(咽)

叫铁公鸡下蛋
——异想天开
叫兔子去拉磨
——没有那一套
叫羊看菜园
——越看越光
叫祖母生仔
——真不识相
轿子进门再放炮
——晚了
轿子里打拳
——不识抬举
教猴子爬树
——多此一举
教娃娃读《圣经》
——不看对象
教菩萨认字
——枉费心机
校场里的土地
——管得好宽
校场上的麻雀
——练大了胆

jie

秸秆扎的鸡
——插翅也难飞
街道司衙门
——唬得过谁
街上的传单
——白给
街上流行红裙子
——赶时髦
街上贴膏药
——铁证(贴镇)
街头耍把式
——光说不练
街上卖笛
——自吹
街头的狗
——谁有吃就跟谁走
节节草拴西瓜
——难缠
节日摆宴席
——济济一堂
节日的礼花
——万紫千红
结巴郎吵架
——张口结舌
截断的木头
——后悔不及
姐儿俩害相思
——同病相怜
姐俩回娘家
——殊途同归
姐俩守寡
——各人知道各人的难处
姐妹俩比钱
——争富
姐妹俩一块儿出嫁
——各人忙各人的
借米还糠
——气鼓鼓

169

借债买藕吃
——窟窿套窟窿
借风过潮
——趁机
借来的锣鼓
——此时不打何时打
借了一角还十分
——分文不差
借米一斗还六升
——赖死(四)
借袍子上朝
——装体面
借钱包饺子
——穷忙
借汤下面
——沾光

jin

今年竹子来年笋
——无穷无尽
金蝉脱壳
——干净利索
金弹打飞鸟
——因小失大
金弹子打鸟
——得不偿失
金刚化佛
——更神气
金刚钻儿包饺子
——钻心痛

金刚钻钻瓷器
——一个硬似一个
金刚钻钻大锅
——没有钻不透的
金刚钻的本领
——专拣硬的
金刚钻划豆腐
——深刻
金瓜对银瓜
——两个顶呱呱

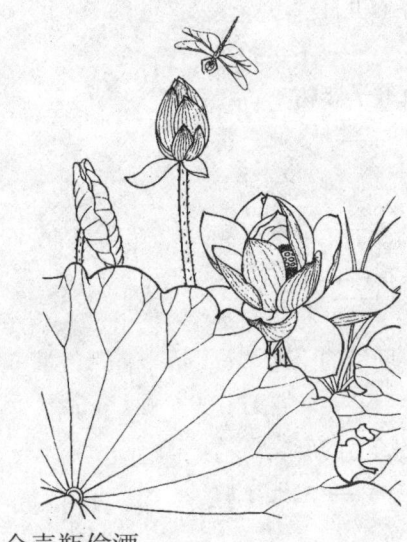

金壶瓶偷酒
——犯不着
金鸡配凤凰
——天生的一对
金鲫鱼喂猫
——舍不得
金盆盛泔水
——可惜了材料
金漆马桶
——外面光,里面臭

金沙江赴赛
　　——大动刀枪
金山寺的潮水
　　——涌上来了
金碗盛稀饭
　　——装贱
金鱼的眼睛
　　——突出
金銮殿上打滚
　　——总算值得
金銮殿上告王子
　　——自讨苦吃
金鱼缸里放泥鳅
　　——看你怎么耍滑头
金簪落海
　　——无出头之日
紧着裤子数日月
　　——日子难过
近视眼观星
　　——数不清
近视眼看告示
　　——迫在眉睫
近视眼看月亮
　　——好大的星
近视眼配眼镜
　　——解决眼前问题
近视眼下棋
　　——失(识)不了足(卒)
进了地府才伤心
　　——悔之莫及
进了棺材吃人参
　　——无补

进了套的黄鼠狼
　　——跑不了
进门叫大嫂
　　——假熟识
进网的黄花鱼
　　——离死不远
进网的鱼
　　——活不长
进屋跳窗户
　　——门路不对
进学堂不带书
　　——忘本
浸透水的黄金瓜
　　——外面好看里面空
浸了水的爆竹
　　——一声不响
浸湿的木头
　　——点不起火
浸水的木鱼
　　——敲不响

jing

京戏演唱《白毛女》
　　——别开生面
京戏走台步
　　——慢慢挪
惊弓之鸟
　　——心有余悸
惊蛰后的长虫
　　——气势起来

惊蛰后的青竹索
——越来越凶
惊蛰后的蜈蚣
——越来越凶
井底的蛤蟆
——目光短浅
井底的木棒
——漂不远
井底雕花
——深刻
井底丢砖头
——不懂(扑通)
井底里扑腾
——死不死,活不活
井底下放邮包
——深信
井底下看书
——学问不浅
井底下写文章
——学问不浅
井底栽花
——根子深
井口吊水
——容易失足下水
井栏圈当戒指
——大指头
井里长出一棵树来
——根子深
井里放鞭炮
——有原(圆)有因(音)
井里放糖
——甜头大家尝

井里蛤蟆酱里蛆
——算不了一回事
井里投砒霜
——害人不浅
井水管河水
——犯不着
井水与河水
——两不相犯
井中栽花
——没有出头日

景德镇停业
——没词(瓷)了
景阳冈武松遇大虫
——不是虎死,就是人伤
警察打老子
——公事公办
警察蹲监狱
——以身试法
敬德鞭打尉迟恭
——自己打自己

镜子里的影子
——空虚
镜子里看花
——好看不好拿
镜子里的饼
——不能充饥
镜子里骂人
——自骂自
镜子里亲嘴
——自恋
镜子上的人儿
——挺光滑的

jiu

揪着马尾巴赛跑
——悬
揪耳朵擤鼻涕
——劲儿使的不是地方
揪下来的花
——新鲜不了几天了
揪下茄子拔了秧
——连根收拾
九格加一格
——失(十)格
九斤老太的眼光
——光看过去的好
九牛爬坡
——个个出力
九牛一毛
——量少微了

九曲桥上散步
——走弯路
九曲桥上拖毛竹
——转弯抹角
九十岁老太太做饭
——手脚不利索
九天庙的和尚
——那是自然
九条江河流两处
——五湖四海
九头鸟戴帽子
——这头要来那头要
九月初八问重阳
——不久(九)
九月的南瓜
——皮老心不老
九月的柿子
——红透了
九月里的甘蔗
——甜到心
九月里的茭白
——灰心
久旱的庄稼
——蔫了
久旱逢甘雨
——喜煞人
久走黑路必撞鬼
——定要倒霉
韭菜包子
——从里往外臭
韭菜面孔
——一吵(炒)就熟

韭菜烧肉
　　——一拌就熟
韭菜烧蒜苗
　　——清(青)一色
韭菜下锅
　　——一捞就熟
酒杯掉进酒坛里
　　——罪(醉)上加罪(醉)
酒鬼掉进酒池里
　　——求之不得
酒鬼喝汽水
　　——不过瘾
酒盅里拌黄瓜
　　——施展不开
酒杯里拌黄瓜
　　——兜不转
酒杯里量米
　　——小气(器)
酒杯里洗澡
　　——小人
酒鬼走路
　　——东倒西歪
酒壶当夜壶用
　　——派错了用场
酒壶里插棒棒
　　——胡(壶)搅
酒壶里吵架
　　——胡(壶)闹
酒里放蒙汗药
　　——存心害人
酒肉和尚菜道士
　　——岂有此理

酒醒不见烤鸭子
　　——悔之晚矣
酒醒不见牛肉巴
　　——懊悔已晚
酒糟炒鸡蛋
　　——吵(炒)个稀
酒醉倚门帘
　　——靠不住
旧车断了轴
　　——破烂不堪
救火没水
　　——干着急
就餐的筷子
　　——占先
就坡骑驴
　　——自找台阶
就汤下面
　　——随机应变
就着猪肉吃油条
　　——腻透了

ju

举起碾盘打月亮
　　——不知天高地厚
锯子锯掉烂木头
　　——摧枯拉朽

jue

撅着屁股看天
　　——有眼无珠
绝户头得个败家子
　　——明看不成器,丢又舍不得
决了堤的水
　　——横冲直撞

jun

军事家写论文
　　——纸上谈兵
君子不犯法坐牢
　　——白挨
骏马跑千里,云燕入云霄
　　——远走高飞

K

kai

开灯聊天
　　——说亮话
开封府的包公
　　——铁面无私
开弓的箭
　　——决不回头
开棺验尸
　　——追查到底
开花的白菜
　　——起了心
开花期遇暴雨
　　——结果不好
开会差半点
　　——迟到了
开会请了假
　　——没出息(席)
开局摆开拦河车
　　——严阵以待

开局的兵卒
　　——作用不大
开了闸的河水
　　——一泻千里

开水锅里煮空笼
　　——不争(蒸)包子争(蒸)口气
开水里捞肥皂
　　——全凭手快
开水泡黄豆
　　——有点自大

开水泼老鼠
　　——不死也要脱层皮
开水碗上的葱花
　　——华(花)而(儿)不实
开水洗脸
　　——难下手
开水煮白玉
　　——不变色
开着电扇聊天
　　——尽讲风凉话
开着收音机听戏
　　——闻声不见人
开着拖拉机撵兔子
　　——有劲使不上
开门就是人家的地
　　——穷
开春的冰雪堆
　　——靠不住
开春的柳絮
　　——满天飞
开春的兔子
　　——成帮结伙
开刀不上麻药
　　——硬干
开飞机抛锚
　　——欲速则不达
开弓不放箭
　　——诓人
开河塌坝
　　——难收场
开会呼口号
　　——异口同声

开口的邮箱
　　——信得过
开了花的竹子
　　——短命
开了瓶的烧酒
　　——好冲
开了锁的猴子
　　——约束不了
开了闸的水库
　　——滔滔不绝
开滦打官司
　　——没(煤)的事
开汽车按喇叭
　　——走着想(响)
开山的镐
　　——两头忙
开水锅里露头
　　——熟人
开水泼蛤蟆
　　——看你怎么跳
开水烫泥鳅
　　——看你怎么耍滑
开水煮玉米
　　——不变色
开演之前
　　——涂脂抹粉

kan

砍不倒大树
　　——弄不多柴禾

177

砍倒大树捉鸟
　　　——呆子
砍倒的柳树
　　　——死不甘(干)心
砍树吃橘子
　　　——不顾根本
看病先生开棺材铺
　　　——死活都要钱
看到草绳就喊蛇
　　　——大惊小怪
看到草绳往后跑
　　　——胆子大小
看惯了武打片
　　　——不怕你搞小动作
看家拳头
　　　——留一手
看见和尚喊姨夫
　　　——乱认亲
看见尼姑喊嫂子
　　　——乱认亲
看门的神仙
　　　——管不了庙里事
看人上菜
　　　——势利眼
看人挑担
　　　——不知吃力
看戏挑媳妇
　　　——一头满意
看羊的狗
　　　——一个比一个凶
看衣裳行事
　　　——狗眼看人

看着天说话
　　　——不知眼多高
看着相声肚子疼
　　　——哭笑不得
看着账本聊天
　　　——说话算数
看《三国》流眼泪
　　　——替古人担忧

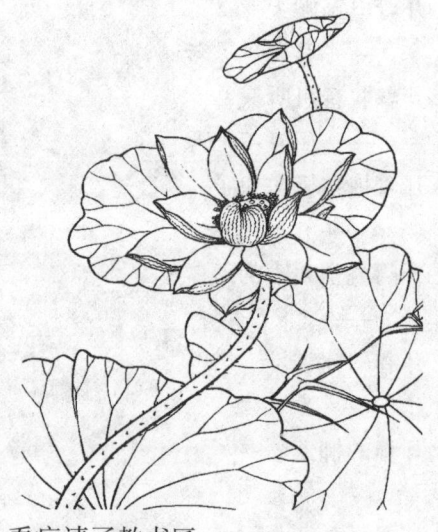

看病请了教书匠
　　　——走错了门
看到失火唱山歌
　　　——幸灾乐祸
看家狗专咬叫花子
　　　——穷人好欺负
看见和尚喊姐夫
　　　——乱认亲
看见外公叫爷爷
　　　——不识相
看人挑担
　　　——不费力

看戏看卖芝麻糖
　　　——心不在焉
看戏流眼泪
　　　——有情人
看着地图摆阵势
　　　——纸上谈兵

kang

扛着牌坊卖肉
　　　——好大的架子
扛进弄堂的木头
　　　——转不过弯来
扛犁头下关东
　　　——经(耕)得多
扛着棍去挨打
　　　——自讨苦吃
扛着毛竹上街
　　　——直来直去
扛着磨盘游五台
　　　——苦尽心
扛着渔网进庙堂
　　　——劳(捞)神
炕洞里扒出个山药蛋
　　　——灰疙瘩
炕洞里的耗子
　　　——灰溜溜的
炕上安锅
　　　——改造(灶)
炕上的狸猫
　　　——业心虎

炕上种西瓜
　　　——没见过
炕席上下棋
　　　——无路可走

kao

考上秀才盼当官
　　　——欲无止境
烤炉火吹电扇
　　　——冷热结合
烤熟的母鸡下蛋
　　　——稀奇古怪

ke

瞌睡送个枕头
　　　——正是时候
磕完头撤供
　　　——留神
磕一个头放三个屁
　　　——行好没有作孽多
蝌蚪变青蛙
　　　——有头无尾
蝌蚪的尾巴
　　　——寿命不长
蝌蚪害头疼
　　　——浑身是病
可着头做帽子
　　　——恰到好处

客气碰着老实
　　——虚情当成真意
嗑瓜子吃核桃
　　——不能不求人(仁)
嗑瓜子嗑出个臭虫来
　　——什么仁(人)儿都有
嗑瓜子嗑出虾米来
　　——遇上了好人(仁)

ken

啃着鱼骨聊天
　　——话中带刺

kong

空城计退敌
　　——反败为胜
空袋子
　　——立不起来
空肚子打饱嗝
　　——硬撑市面
空手进衙门
　　——非输不可
空手跑进中药店
　　——没方子
空手挖萝卜
　　——一个个提拔
空手抓白鱼
　　——难得(逮)

空心罗汉
　　——没肚量
空心萝卜
　　——中看不中用
空肚罗汉
　　——没心没肝
空肚子打嗝儿
　　——假装
空棺材出来
　　——目(木)中无人
空酒瓶子
　　——有口无心
空口说白话
　　——无根无据
空梭子补网
　　——没法治(织)
空箱里取物
　　——无中生有
空心谷子
　　——头仰得高
空心萝卜
　　——外面光
空心墙
　　——不实在
空蒸笼上锅台
　　——争(蒸)气
空中踩钢丝
　　——左右摇摆
空中倒马桶
　　——臭气熏天
空中挂灯笼
　　——玄(悬)了

180

空中楼阁
　　——不着实地

空中伸巴掌
　　——高手

空中悬河
　　——滔滔不绝

空中飞人
　　——上不着天,下不着地

空着手回娘家
　　——无理(礼)

孔方兄进庙门
　　——钱能通神

孔夫子搬家
　　——尽是书(输)

孔夫子的背包
　　——准是书(输)

孔夫子的砚台
　　——心太黑

孔夫子念书
　　——咬文嚼字

孔夫子拜师
　　——不耻下问

孔夫子背褡子
　　——两头书(输)

孔夫子背书籍
　　——里面大有文章

孔夫子唱戏
　　——出口成章

孔夫子吃粥
　　——心里没数

孔夫子出门
　　——三思而行

孔夫子穿西装
　　——不中不西

孔夫子的包脚布
　　——文绉绉

孔夫子的坟
　　——久慕(墓)大名

孔夫子的口袋
　　——书呆(袋)子

孔夫子的手巾
　　——包输(书)

孔夫子的徒弟
　　——闲(贤)人

孔夫子的烟荷包
　　——文呆呆(袋袋)

孔夫子的嘴巴
　　——出口成章

孔夫子放屁
　　——文气冲天
孔夫子挂腰刀
　　——文不文,武不武
孔夫子讲学
　　——之乎者也
孔夫子教《三字经》
　　——大材小用
孔夫子看书
　　——文里文气
孔夫子门前读《论语》
　　——自不量力
孔夫子面前讲《孝经》
　　——冒充斯文
孔夫子偷钱包
　　——文明人不做文明事

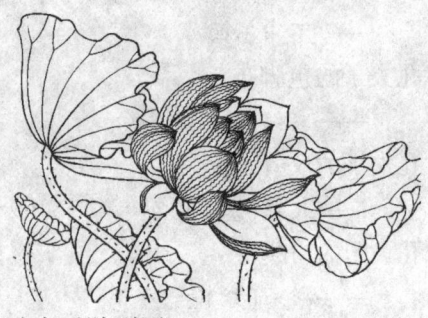

孔夫子游列国
　　——尽是理(礼)
孔明大摆空城计
　　——化险为夷
孔明弹琴退仲达
　　——好沉着
孔明会李逵
　　——有敢想的,有敢干的
孔明加子龙
　　——智勇双全
孔明借东风
　　——巧用天时
孔明夸诸葛
　　——自夸
孔明挥泪斩马谡
　　——明正军纪
孔雀遇凤凰
　　——比不上
孔雀的尾巴
　　——翘得太高了
孔雀耍掸帚
　　——出计不出面

kou

口袋里冒烟
　　——烧包
口袋里装钉子
　　——一个个想露头
口袋里装锥子
　　——锋芒毕露
口含棉花
　　——说得轻巧
口渴了才打井
　　——来不及了
口渴碰到清泉水
　　——正合适
口咽黄连
　　——苦在心

口朝下的咸菜罐
——空谈(坛)

口吃报纸
——咬文嚼字

口吃灯草
——说得轻巧

口吃黄连
——心里苦

口吃青果
——先苦后甜

口传家书
——言而无信

口袋布做大衣
——横竖不够料

口袋里卖猫
——不知是白猫、黑猫

口袋里盛米汤
——装糊涂

口袋里睡觉
——装着

口袋里装茄子
——叽叽咕咕

口袋里装王八
——窝脖

口袋装狗屎
——白糟蹋

口儿诵来心儿非
——前读后忘

口干望海水
——解不了渴

口含盐巴望天河
——远水不解近渴

口技表演
——嘴上功夫

口渴喝了酸梅汤
——美滋滋的

口渴喝盐卤
——饮鸩止渴

口渴喝盐汤
——适得其反

口渴碰到山泉水
——刚刚合适

口渴遇见卖茶人
——正合适

口里含冰糖
——嘴甜

口水沾跳蚤
——一物降一物

口吞秤砣
——铁了心

口吞擀面杖
——横了心

口吞墨水
——黑了心

口吞土地庙
——满肚子鬼

口袋里装人
——代(袋)理(里)人

口罩戴到鼻梁上
——不要脸

歇后语大全

183

ku

枯井打水
　　——劳而无功
枯树根上浇水
　　——白费劲
枯树烂木头
　　——无用之树
枯木干葱
　　——心不死
枯木刻象棋子儿
　　——老兵老将
枯树盘根
　　——动不得
枯树上的知了
　　——自鸣得意
枯树枝上结黄瓜
　　——不可能的事
枯藤缠大树
　　——生死相依
窟窿眼里看人
　　——小瞧
苦菜开花
　　——密密麻麻
苦瓜攀苦藤
　　——苦相连
苦瓜蒸黄连
　　——苦闷（焖）
苦鬼遇饿鬼
　　——难兄难弟

苦水煮黄连
　　——苦上加苦
苦汤煮丁香籽儿
　　——苦人（仁）儿
苦豆子煮黄连
　　——一个更比一个苦
苦瓜虫
　　——吃内不吃外
苦海无边
　　——回头是岸
苦水里面泡苦瓜
　　——苦惯了
苦竹子根头出苦笋
　　——辈辈苦
裤裆放屁
　　——串通一气
裤腰带系在脖子上
　　——错记（系）了
裤腰上挂死耗子
　　——假充打猎人
裤裆里放屁
　　——串通一气
裤裆里拉屎
　　——不好声张
裤裆里冒烟
　　——当然（裆燃）
裤裆里起火
　　——不好声张
裤兜里的跳蚤
　　——乱咬
裤兜装五脏
　　——窝囊废

歇后语大全

裤腿上的虱子
——跟着撵
裤腰带挂杆秤
——自称自
裤子没有腿
——凉了半截

kua

夸父追日
——自不量力
夸嘴的郎中
——没好药

kuai

快刀砍黄鳝
——一刀两断
快刀劈毛竹
——脆刮刮的
快刀切豆腐
——树(竖)不起
快锯伐大树
——拉倒
快马左兜右旋
——抖威风
快要倒塌的房子
——危在旦夕
快刀砍骨头
——干干脆脆

快刀切豆腐
——两不沾
快刀切萝卜
——干脆
快刀斩乱麻
——干脆利索
筷子搭桥
——路不宽
筷子顶豆腐
——树(竖)不起来
筷子里拔旗杆
——没高的
筷子夹骨头
——三条光棍
筷子充大梁
——不是这块料
筷子穿针眼
——过不去
筷子的一生
——吃了饭就睡觉
筷子掉油篓
——又奸(尖)又猾(滑)
筷子夹骨头
——光棍对光棍

kuang

筐里选瓜
——越选越差
矿工下井
——头名(明)

kui

葵花秆子当大梁
　　——支架不住
葵花子里钻臭虫
　　——算什么人(仁)
葵花子里拌盐水
　　——唠闲(捞咸)嗑

kun

昆仑山上的灵芝草
　　——无价之宝
捆绑的夫妻
　　——长不了

L

la

垃圾堆里打气
——光进不出
垃圾堆里的八骏图
——废话(画)
垃圾堆里的东西
——废物
垃圾堆里的破鞋
——一钱不值
垃圾堆旁聊天
——满口脏话
拉粪便嗑瓜子
——进的少,出的多
拉肚子吃补药
——白费劲
拉肚子吃泻药
——越吃越糟
拉胡子过河
——谦(牵)虚(须)过度(渡)
拉叫驴上市
——冒充大牲口
拉了弦的手榴弹
——给谁谁不要
拉骆驼放羊
——高的高,低的低
拉磨的驴戴眼罩
——瞎转悠

拉琴的丢了本
————没谱儿了
拉石灰车遇到倾盆雨
————心急火燎
拉屎拉到鞋跟儿里
————提不得
拉着何仙姑叫舅妈
————五百年前是一家
拉着虎尾喊救命
————自己找死
拉着手走路
————你行我也行
喇叭佬娶老婆
————自吹
喇叭嘴上塞泥巴
————吹不响
腊鸭子煮到锅里头
————身子烂了,鸭头还硬
腊月里的萝卜
————动(冻)了心
腊月里扇扇子
————火气太大
腊月里生孩子
————动(冻)手儿动(冻)脚儿的
腊月里遇上狼
————冷不防
腊月摇扇子
————反常
蜡人玩火
————害了自身
蜡台上无油
————空费心

蜡烛当冰棒
————油嘴光棍
蜡烛的脾气
————不点不亮
蜡烛做箫吹
————油嘴光棍
辣椒炒豆腐
————外辣里软
辣椒面吃进鼻眼里
————呛人
辣椒身上长柿子
————越红越圆滑

lai

癞蛤蟆剥皮不闭眼
————还想蹦跶几下
癞蛤蟆不长毛
————天生这路种
癞蛤蟆吃骰子
————一肚子点子
癞蛤蟆穿大红袍
————只可远看,不能近瞧
癞蛤蟆打哈欠
————好大的口气
癞蛤蟆带娃娃
————只讲个数
癞蛤蟆的脊梁
————点子多
癞蛤蟆爬香炉
————碰一鼻子灰

癞蛤蟆敲大鼓
　　——自吹自擂
癞蛤蟆请客
　　——四眼相顾
癞蛤蟆上餐桌
　　——尽遇到败兴
癞蛤蟆上樱桃树
　　——尽想高味
癞蛤蟆生蝎子
　　——一窝更比一窝毒
癞蛤蟆跳到秤盘上
　　——自称自
癞皮狗上轿
　　——招摇撞骗
癞子当和尚
　　——不费手续
癞子的脑袋
　　——不好提(剃),没法(发)
癞子剃头
　　——看货

lan

篮球场上的裁判
　　——跟着跑
蓝天上的白云
　　——自由自在
蓝天上的气球
　　——轻飘飘的
蓝天上的云彩
　　——随风飘

懒厨子做席
　　——不想给你吵(炒)
懒大嫂赶场
　　——中间不急两头忙
懒鸡婆抱窝
　　——守着摊儿过
懒驴上磨
　　——屎尿多
懒驴子驾辕
　　——不打不走
懒木匠的锯子
　　——不错(挫)
懒婆娘的裹脚布
　　——又长又臭
懒婆娘的针线筐
　　——乱七八糟
懒婆娘坐轿
　　——愿上不愿下
懒人的铺盖
　　——不理
烂板桥上的龙王
　　——不是好东西
烂膏药贴在好肉上
　　——自找麻烦
烂了根的葱
　　——心不死
烂木头刻章
　　——不是这块料
烂木头做大梁
　　——不好用
烂泥里打桩子
　　——越打越下

烂泥路上拉车
　　——越陷越深
烂泥巴捏神像
　　——没个好心肠
烂泥菩萨
　　——全靠金贴,样子神气
烂泥菩萨洗脸
　　——干净不了
烂泥土下窑
　　——烧不成个东西
烂肉喂苍蝇
　　——投其所好
烂扫帚上市
　　——分文不值
烂柿子上船
　　——软货
烂网打鱼
　　——一无所获
烂鱼开了膛
　　——一副坏心肠
滥竽充数
　　——挂个空名

lang

狼不吃死孩子
　　——活人惯的
狼吃鬼
　　——没影儿
狼吃狼
　　——冷不防
狼狗打架
　　——两头害怕
狼借猪娃
　　——还不了
狼看羊羔
　　——越看越少
狼啃青草
　　——装洋(羊)
狼头上长角
　　——装样(羊)
狼头上挂竹笋
　　——装样(羊)
狼窝里养孩子
　　——性命难保
狼行千里吃肉
　　——本性难移
狼装肥羊
　　——不怀好意
狼装羊笑
　　——居心不良
榔头对锤子
　　——狠对狠

浪中行船
——时高时低
浪子回头
——金不换

lao

牢房里赌博
——一错再错
老包断案
——脸黑心不黑
老儿子娶媳妇
——大事完毕
老方丈打拳
——出手不凡
老肥猪上屠场
——挨刀的货
老坟地里种西瓜
——隔门隔代有瓜葛
老坟头里的尸骨
——空架子
老公公背儿媳妇过河
——吃力不讨好
老公鸡戴眼镜
——官(冠)儿不大,架子不小
老鸹落在猪背上
——一个赛过一个黑
老寡妇遇见老绝户
——孤的孤,苦的苦
老汉娶亲
——力不从心

老和尚拜丈人
——怪事
老和尚吹管子
——不懂笛(的)
老和尚打儿子
——没有的事
老和尚的百衲衣
——东拼西凑
老和尚的帽子
——平不拉塌的
老和尚丢了棍
——能说不能行
老和尚盼媳妇
——下一辈子的事
老和尚敲钟
——一个点儿
老和尚瞧嫁妆
——下辈子见
老和尚剃头
——一扫光
老和尚撞钟
——过一日是一日
老猴爬旗杆
——不行了
老虎不吃人
——恶名在外
老虎不嫌黄羊瘦
——沾荤就行
老虎吃肉
——亲自下山
老虎出山遇见豹
——一个凶一个恶

老虎串门
——稀客
老虎打哈欠
——口气真大
老虎打架
——没人劝
老虎打瞌睡
——难得的机会
老虎戴道士帽
——假装出家人

老虎的儿子
——别看他(它)小
老虎的尾巴
——摸不得
老虎兜圈子
——一回就够
老虎赶牛群
——势在必得
老虎逛公园
——谁敢拦

老虎和猪生的
——又恶又蠢
老虎胡子
——谁敢摸
老虎进城
——家家关门
老虎进棺材
——吓死人
老虎看小孩
——有主的肉
老虎拉车
——不听那一套
老虎咧嘴笑
——用心歹毒
老虎披蓑衣
——终归不是人
老虎皮,兔子胆
——色厉内荏
老虎欠债
——讨不回来
老虎身上的虱子
——谁敢惹
老虎头上的苍蝇
——拍不得
老虎演戏
——好看也别看
老虎咬铳
——两败俱伤
老虎嘴塞蚂蚱
——填不满
老会计拨算盘
——精打细算

老虎进山洞
　　——顾前不顾后
老进山神庙
　　——老腐败(虎拜)
老两口埋在一个坟里
　　——死活一对
老驴拉磨
　　——瞎转圈
老驴子打滚
　　——翻不过身来
老猫犯罪狗戴枷
　　——无辜受累
老猫守鼠洞
　　——蹲着瞧
老绵羊撵狼
　　——拼啦
老母鸡抱空窝
　　——不简单(不见蛋),伏(孵)着吧
老母鸡跟黄鼠狼结交
　　——没好下场
老母鸡上树
　　——冒充英雄(鹰凶)
老母猪吃铁饼
　　——好硬的嘴
老母猪吃碗碴
　　——满嘴是词(瓷)
老母猪打架
　　——动口不动手
老母猪跟牛打架
　　——豁出老脸来了
老母猪逛花园
　　——找着挨揍
老母猪和牛打架
　　——豁出命来摔
老母猪爬楼梯
　　——高攀
老母猪追兔子
　　——上气不接下气
老牛不怕狼咬
　　——豁出去
老牛吃青草
　　——两边扫
老牛筋
　　——难啃
老牛拉车
　　——埋头苦干
老牛拉犁
　　——有心无力
老牛拉破车
　　——慢慢腾腾
老牛死了
　　——任人宰割
老牛追兔子
　　——有劲使不上
老牛走老路
　　——照旧
老牛走路
　　——不慌不忙
老牛钻狗洞
　　——难通过
老三错了骂兄弟
　　——怪事(四)
老艄公撑船

——一竿子插到底

老鼠扒屎盆
——替狗忙

老鼠背上生疮
——发不大

老鼠吃猫饭
——偷偷干

老鼠打摆子
——窝里战(颤)

老鼠掉进醋缸
——一身酸气

老鼠掉进粪坑里
——越闹越臭

老鼠给大象指路
——越走越窄

老鼠给猫拜年
——全体奉送

老鼠管仓
——越管越光

老鼠嫁女
——小打小闹

老鼠见猫
——不敢吱声

老鼠进风箱
——两头受气

老鼠进棺材
——咬住不放

老鼠进猫窝
——白送礼

老鼠进书房
——咬文嚼字

老鼠嗑瓜子

——一张巧嘴

老鼠啃皮球
——容(嗑)气

老鼠留不得隔夜粮
——好吃

老鼠爬横杆
——爱走极端

老鼠爬香炉
——碰了一鼻灰

老鼠碰见猫
——不敢想(响)

老鼠骑在猫身上
——好大的胆子

老鼠娶媳妇
——小打小闹

老鼠睡猫窝
——送来一口肉

老鼠替猫刮胡子
——拼命地巴结

老鼠跳到钢琴上

——乱谈(弹)
老鼠同猫睡
——练胆子
老鼠偷秤砣
——倒贴(盗铁)
老鼠拖木锨
——大头在后头
老鼠窝里的食物
——全是偷来的
老鼠响满了三斗六
——恶贯满盈
老鼠咬猫
——无法无天
老鼠找大枪
——窝里逞能
老鼠钻进了牛角
——越往后越紧
老鼠钻进人堆里
——找死
老鼠钻油壶
——有进无出
老水牛拉马车
——不会套
老太太搬家
——什么都拿
老太太不吃杏
——酸心
老太太不认识仙鹤
——高级(鸡)
老太太吃蚕豆
——软磨硬顶
老太太吃炒蚕豆

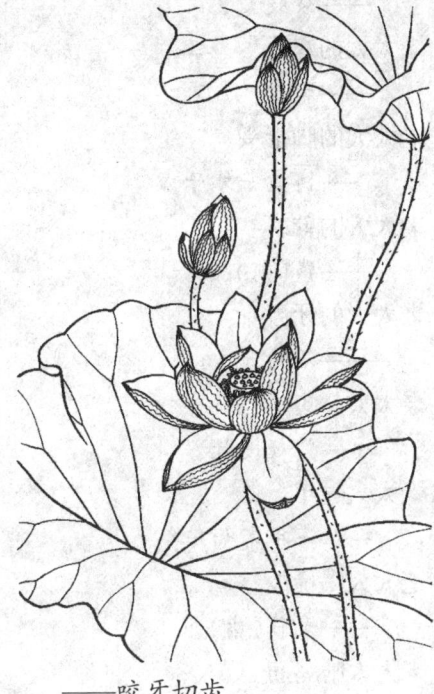

——咬牙切齿
老太太吃豆腐
——正好
老太太吃黄连
——苦口婆心
老太太吃排骨
——难啃
老太太吃糖
——越扯越长
老太太打补丁
——穷凑合
老太太打呵欠
——一望无涯(牙)
老太太荡秋千
——玩命
老太太的包袱

——鼓鼓囊囊

老太太的嫁妆

——古货

老太太的脚指头

——窝囊一辈子

老太太的鞋

——钱(前)紧

老太太的牙齿

——活的

老太太赶集

——紧赶慢赶

老太太过年

——一年不如一年

老太太喝稀饭

——无耻(齿)下流

老太太啃鸡筋

——难嚼难咽

老太太捋胡子

——假谦虚(牵须)

老太太上鸡窝

——笨(奔)蛋

老太太扎鞋底

——千真(针)万真(针)

老太太住高楼

——上下两难

老太太坐飞机

——抖起来了

老头儿的拐棍

——早晚得扔

老头捅马蜂窝

——找辙(蜇)

老头子联欢

——非同儿戏

老鹞叮蚌面

——难脱身

老鹞落在猪身上

——光瞧见人家黑,瞅不到自个儿黑

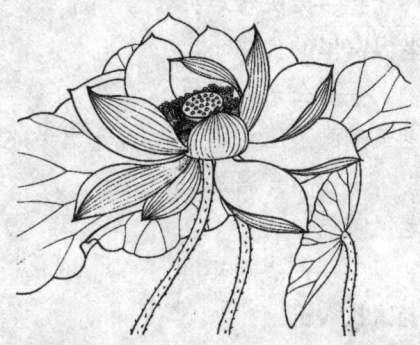

老鹰抓小鸡

——一个忧愁一个喜

老玉米里搀白面

——粗中有细

老中医把脉

——慢慢地摸

老子纳妾儿姘居

——一窝不正经

老子偷猎儿偷牛

——一辈比一辈坏

老子坐班房

——受人牵连

lei

雷公打架

——差天远

雷公打芝麻
——专拣小的欺
雷公劈蚂蚁
——以大欺小
雷声大雨点小
——有名无实
擂台上见高低
——全凭真本事

leng

冷水浇进了热油锅
——炸了锅了
冷水泡茶
——无味
冷水褪鸡
——一毛不拔
冷血动物
——无情无义

li

狸猫耳朵
——太短
狸猫换太子
——以假充真
狸猫装猫叫
——想投机(偷鸡)
离了王屠子
——也不能带毛吃猪

李逵扮新娘
——装不像
李逵卖煤
——人黑货也黑
李自成进北京
——好景不长
理发师带徒弟
——从头教起
鲤鱼的胡子
——没几根
鲤鱼跳龙门
——碰碰运气
鲤鱼跳龙门
——身价百倍
鲤鱼吞秤砣
——铁了心
利刃砍黄瓜
——一刀两断(段)

lian

帘子脸儿
——落下来了
廉颇拜蔺相如
——负荆请罪
鲢鱼的胡子
——没几根
脸丑怪镜歪
——强词夺理
脸盆里的泥鳅
——滑不到哪里去

脸盆里扎猛子
——不知深浅

脸上写字
——表面文章

liang

凉水待客
——冷淡

凉水碗里的一双筷子
——能捞出什么味道来

梁山的兄弟
——讲义气

梁山好汉喝酒
——大腕(碗)

梁山好汉
——重义气

梁山上的晁盖
——一把手

梁山上的好汉
——逼出来的

梁山上的王伦
——妒贤嫉能

梁上插针
——粗中有细

梁上吊死人
——上不着天,下不着地

梁上君子
——上不沾天,下不着地

梁园虽好
——不是久留之地

粮仓里养鼠
——有损无益

粮店兼卖时装
——有吃有穿

粮店里的老鼠
——有损无益

粮食装在布袋里
——一个挨着一个

两个臭鸡蛋
——一个味儿

两个和尚打架
——抓不到辫子

两个肩膀扛一个脑袋
——人到哪脑袋就到哪

两个叫花子拜堂
——穷配

两个麻雀吵架
——为争一颗米
两个琵琶一个调弹
——到一块去了
两个七月半
——闹鬼又闹鬼
两个人舞龙
——有头有尾
两个瞎子作揖
——谁见了

两个哑巴吵嘴
——不知谁是谁非
两个哑巴打架
——是非难分
两个哑巴见面
——没说的
两个哑巴亲嘴
——打得没话说

两个哑巴睡一起
——无话可说
两个哑巴睡一头
——无话可商量
两个医生抬头驴
——没治了
两股道上跑的车
——走的不是一条路
两口子打架
——不劝自了
两口子的账
——算不清
两口子回门
——成双成对
两块钱买了个猪头
——便宜了他
两人共伞
——互相遮掩
两手进染缸
——左也难(蓝),右也难(蓝)
两条河里的船
——总碰不到一块
两条腿的凳子
——站不住脚
两只耳朵
——碰不到一块儿
两种芝麻一锅炒
——黑白不分
亮月下耍大刀
——胡砍

歇后语大全

lie

烈火干柴
　　——一点就着

lin

林冲到了野猪林
　　——绝处逢生
林冲买宝刀
　　——哪知是计
林冲棒打洪教头
　　——看破绽下手
林冲上梁山
　　——官逼民反
林冲误入白虎堂
　　——有口难辩

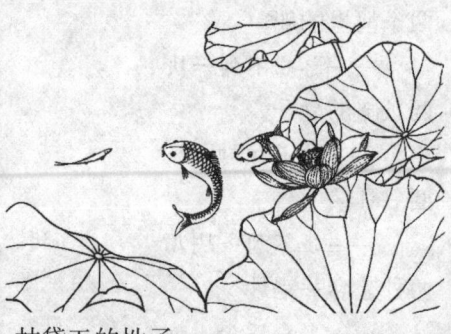

林黛玉的性子
　　——多愁善感
林黛玉进贾府
　　——谨小慎微
林黛玉葬花
　　——自叹命薄
林教头发配沧州
　　——一路风险
临上轿找不到绣花鞋
　　——心里急
临时上轿马撒尿
　　——手忙脚乱
临阵磨枪
　　——不快也光

ling

岭头上唱山歌
　　——调子太高
铃销敲锣鼓
　　——想（响）在一块

liu

刘邦当皇帝
　　——胜者为王
刘邦乌江追项羽
　　——赶尽杀绝
刘备的江山
　　——哭出来的
刘备三上卧龙冈
　　——就请你这个诸葛亮
刘姥姥进大观园
　　——看得出神了

刘三姐对歌
　　——随口而出
流水簿子做袍子
　　——满身都是账
柳树开花
　　——不结果
六个指头划拳
　　——出了新花招
六十岁尿床
　　——老毛病
六月的火炉
　　——谁凑合你
六月的债
　　——还得快
六月间的庙堂
　　——鸦雀无声
六月里吃生姜
　　——伏辣(服啦)
六月里穿皮袄
　　——反常
六月里戴手套
　　——保守(手)
六月里的粪
　　——沤到了劲
六月里借扇子
　　——等着吧
六指儿搔痒
　　——多这一道子

long

龙船上装大粪
　　——臭名远扬
龙头不拉拉马尾
　　——用力不对路
笼里的鸽子
　　——放了还回来
笼里的鹦哥
　　——成天耍嘴
笼子里的八哥
　　——只会说不会干
笼子里的鸟儿
　　——有翅难飞
聋子拜客
　　——不闻不问

聋子不怕雷
　　——胆子大
聋子打电话
　　——大嗓门

聋子打翻了哑巴的油
　　　——说不清楚
聋子打铃
　　　——充耳不闻
聋子打盆
　　　——听不清
聋子的耳朵
　　　——有也当无，装装门面
聋子对话
　　　——各说各的
聋子耳朵
　　　——配搭
聋子放炮
　　　——没音响
聋子看戏
　　　——有也当无
聋子听蚊子叫
　　　——无声无息
聋子听戏，瞎子观灯
　　　——一无所获
聋子问雷
　　　——在哪
聋子遇见哑巴
　　　——一个不闻，一个不听

lou

娄阿鼠的十五贯
　　　——偷来的
娄阿鼠走路
　　　——贼头贼脑

楼板搭铺
　　　——高低差不多

lu

露水夫妻
　　　——好景不长
炉里的渣滓
　　　——有用的不多
卤水点豆腐
　　　——一物降一物
鲁肃讨荆州
　　　——空手而去，空手而回
鲁肃宴请关云长
　　　——暗藏杀机
鲁智深大闹野猪林
　　　——粗中有细
路边的鼓
　　　——挨打的货
路边捡私生子
　　　——非亲非故
路口挖陷阱
　　　——坑害人
路旁的车前子
　　　——压不死
路上找不到问卦人
　　　——前途未卜
路中间的螃蟹
　　　——横行霸道

lü

驴粪蛋
——外面光
驴拉碾子牛耕田
——各行其是(事)
驴皮煮胶
——慢慢熬
驴头不叫驴头
——长脸

驴子赶到磨道里
——不愿转也得转
驴子拉磨牛耕田
——各走各的道
驴子拉磨
——任人摆布
驴子推磨
——走的老道儿

驴子削了耳朵
——假马
吕布见貂蝉
——迷上了
吕洞宾推掌
——出手不凡
吕洞宾戏牡丹
——两厢情愿
律师受贿
——知法犯法
绿皮萝卜
——心里美
绿皮南瓜
——嫩着哩
绿时着火烤
——非黄不可

luan

乱坟堆里找人
——都是死硬货
乱麻团缠皂角树
——理不清

lun

轮船开往亚非拉
——外航(行)
轮胎里打气
——先进不出

轮胎上的气门芯
　　——里外受气

luo

罗锅立正
　　——直不了
萝卜掉进腌菜坛
　　——泡着吧
萝卜干炖豆腐
　　——没点血色
萝卜上供
　　——哄神

锣齐鼓不齐
　　——高潮不在点上
螺蛳壳里摆擂台
　　——踢打不开
骆驼背火球
　　——烧包
骆驼打架
　　——歇够了再干
骆驼打撮箕
　　——翻不过身来
骆驼戴风镜
　　——傻了眼
骆驼的脖子仙鹤的腿
　　——各有所长

锣鼓对着街上敲
　　——叫人听的
锣鼓两叉
　　——响(想)不到一块
箩筐盛石灰
　　——处处留痕迹

骆驼的头
　　——昂着脸
骆驼进鸡窝
　　——没门
骆驼进羊群
　　——非常突出

骆驼看天
——眼高

骆驼上车
——就剩一下乐儿了

骆驼生驴
——怪胎

骆驼摔个子
——毁了俺(鞍)

骆驼睡觉
——两头不靠实

骆驼蹄上挑刺
——大题(蹄)

骆驼跳舞
——不像样子

落到麻雀窝里的花鹋子
——长不了

落地风扇转动
——不断地摇头

落雨担稻草
——越担越重

落雨天打麦
——难收场

落雨天找棉花套
——越背越重

落在鹰爪里的小鸡
——嘴壳再硬也活不了

M

ma

麻包里装钉子
——露头
麻布袋里的菱角
——硬要钻出来
麻布袋绣花
——底子太差
麻布袋做龙袍
——不是这块料
麻布片绣花
——白费劲
麻布下水
——拧不干
麻袋里装猪
——不知黑白
麻袋片上绣花
——一代(袋)不如一代(袋)
麻秆搭桥
——当不起
麻秆打老虎
——不痛不痒
麻花儿上吊
——脆鬼
麻茎当秤杆
——没个准星
麻柳树解板子
——不是正经材料
麻雀搬家
——叽叽喳喳
麻雀的肚腹
——心眼狭小
麻雀掉在面缸里
——糊嘴
麻雀飞大海
——没着落
麻雀飞到旗杆上
——鸟不大,架子倒不小
麻雀飞到糖堆上
——空欢喜
麻雀飞进照相馆
——见面容易说话难

麻雀跟着蝙蝠飞
——白熬夜
麻雀鼓肚子
——好大的气
麻雀嫁女
——细吹细打
麻雀开会
——细商量
麻雀落在牌坊上
——东西不大,架子不小
麻雀虽小
——肝胆俱全
麻雀饮河水
——干不了
麻绳穿绣花针
——通不过
麻绳串豆腐
——提不起来
麻绳吊鸡蛋
——两头脱空
麻绳上拉电灯
——路线错了
麻绳拴豆腐
——提不起
麻绳蘸水
——紧上加紧
麻线穿针眼
——过得去就行
麻线穿针
——钻不进
麻油煎豆腐
——下了大本钱

麻子不叫麻子
——坑人
麻子的脸
——尽是缺点
麻子管事
——点子多
麻子敲门
——坑人到家了
麻子跳伞
——天花乱坠
麻子照相
——脸上不好看
马背上看书
——走着瞧
马槽里的苍蝇
——混饭吃
马打架
——看题(蹄)
马大哈当会计
——全是糊涂账
马蜂过河
——带(歹)毒
马蜂窝
——捅不得

马蜂蜇秃子
　　——没遮没盖
马蜂针,蝎子尾
　　——惹不起
马后炮
　　——弄的迟了
马嚼子套在牛嘴上
　　——胡勒
马拉独轮车
　　——就翻
马来西亚的咖啡
　　——耐人寻味
马撩后腿
　　——逞强
马路边上的痰盂
　　——人人吐
马路不叫马路
　　——公道
马勺里的苍蝇
　　——混饭吃
马勺碰锅沿
　　——常有的事
马尾巴提豆腐
　　——串不起来
马尾绑马尾
　　——你踢我也踢,你打我也打
马尾搓绳
　　——用不上劲
马尾做弦
　　——不值一谈(弹)
蚂蟥的身子
　　——软骨头

蚂蟥见血
　　——叮住不放
蚂蚁搬家
　　——不是风,就是雨
蚂蚁搬家
　　——大家动口
蚂蚁搬磨盘
　　——枉费心机
蚂蚁搬泰山
　　——下了狠心
蚂蚁背螳螂
　　——肩负重任
蚂蚁背田螺
　　——假充大头鬼
蚂蚁脖子戳一刀
　　——不是出血的筒子
蚂蚁吃萤火虫
　　——亮在肚里
蚂蚁戴谷壳
　　——好大的脸皮
蚂蚁挡道儿
　　——颠不翻车
蚂蚁关在鸟笼里
　　——门道很多
蚂蚁喝水
　　——点滴就够啦
蚂蚁讲话
　　——碰头
蚂蚁进牢房
　　——自有出路
蚂蚁看天
　　——不知高低

蚂蚁下塘
　　——不知深浅
蚂蚁嘴碾盘
　　——嘴上的劲
蚂蚱打喷嚏
　　——满口青草气
蚂蚱斗公鸡
　　——自不量力
蚂蚱上豆架
　　——小东西借大架吓人
蚂蚱驮砖头
　　——吃不住劲

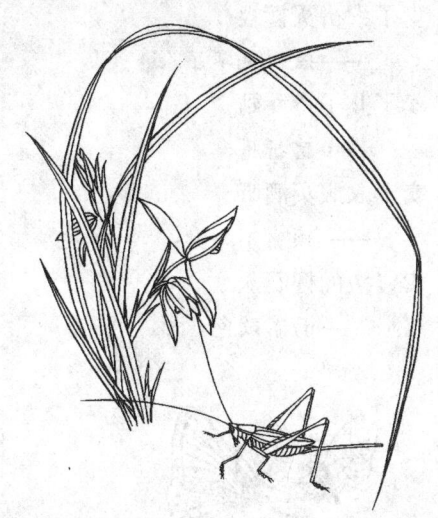

蚂蚁扛大树
　　——不自量
蚂蚁尿书本
　　——识(湿)字不多
蚂蚁爬扫帚
　　——条条是路
蚂蚁爬上牛角尖
　　——自以为上了高山
蚂蚁爬树
　　——路子多
蚂蚁碰上鸡
　　——活该
蚂蚁抬虫子
　　——个个使劲
蚂蚁头上戴斗笠
　　——乱扣帽子
蚂蚁头上砍一刀
　　——没血肉
蚂蚁拖耗子
　　——心有余而力不足

mai

埋下的地雷
　　——一触即发
买椟还珠
　　——不识货
买回彩电带回发票
　　——有根有据
买咸鱼放生
　　——尽做冤枉事
麦茬地里磕头
　　——戳眼
麦秆吹火
　　——小气
麦秆顶门
　　——白费力
麦秆儿当秤
　　——没斤没两

209

麦秸堆里装炸药
——乱放炮
麦秸秆里瞧人
——小瞧
麦糠搓绳
——搭不上手
麦芒戳到眼睛里
——又刺又痛

卖了大褂买裤衩
——短得见不了人
卖了儿子招女婿
——瞎折腾
卖了衣服买酒喝
——顾嘴不顾身
卖馒头的搀石灰
——面不改色

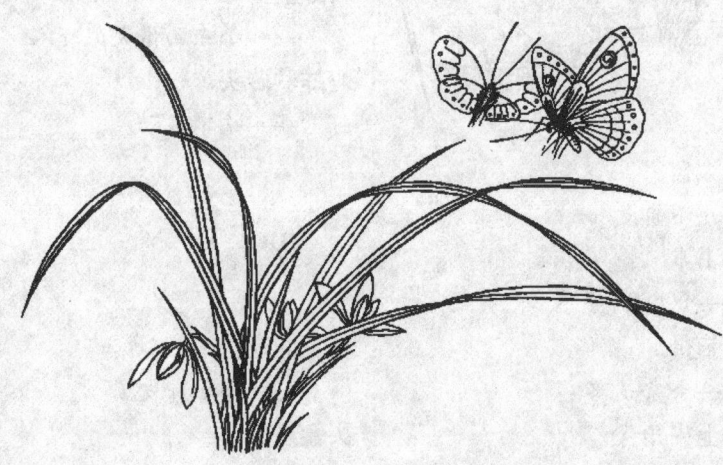

卖炒勺的
——拣有把握的来
卖豆腐的扛马脚
——生意不大架子大
卖豆芽的抖箩筐
——干净利索
卖棺材的咬牙
——恨人不死
卖花的说花香,卖菜的说菜鲜
——各有一套
卖煎饼的赔本
——贪(摊)大了

卖米不带升
——居心不良(量)
卖木脑壳被贼抢
——大丢脸面
卖牛卖发娶回个哑巴
——无话可说
卖螃蟹的上戏台
——角色不少,能唱的不多
卖水的看大河
——尽是钱
卖瓦盆的摔跟头
——乱了套

卖瓦盆的
　　——要一套有一套
卖虾的不拿秤
　　——抓瞎(虾)
卖鸭子儿的换筐
　　——倒(捣)蛋
卖盐的喝开水
　　——没味道
卖油的不打盐
　　——不管闲事
卖油条的拉胡琴
　　——游(油)手好闲(弦)

man

馒头里包豆渣
　　——人家不夸自己夸
满口黄连
　　——说不完的苦
满口金牙
　　——开口就是谎(黄)
满身沾油的老鼠往火里钻
　　——哪还有它好过的
满天刷糨糊
　　——湖(胡)云
满园果子
　　——就数你红

mang

盲公打灯笼
　　——照人不照己
盲公戴眼镜
　　——装样子的
盲人剥蒜
　　——瞎扯皮
盲人打牌九
　　——瞎摸
盲人戴眼镜
　　——假聪(充)明
盲人给盲人带路
　　——瞎扯
盲人开口
　　——瞎说
盲人拉风箱
　　——瞎鼓捣
盲人聊天
　　——瞎扯谈
盲人买喇叭
　　——瞎吹
盲人骑瞎马
　　——乱闯
盲人上大街
　　——目中无人
盲人学绣花
　　——瞎逞能

mao

猫被老虎撵上树
——多亏留一手

猫不吃死耗子
——假斯文

猫不吃鱼
——假斯文

猫肚子放虎胆
——凶不起来

猫儿教老虎
——留一手

猫儿念经
——假充善人

猫儿抓老鼠
——祖传手艺

猫守鼠洞
——不动声色

猫头鹰唱歌
——瞎叫唤

猫头鹰抓耗子
——干好事,落骂名

猫戏老鼠
——哄着玩

猫咬老虎
——冷不防

猫爪伸到鱼缸里
——想捞一把

猫捉老虎
——抖威风

猫捉老鼠狗看门
——各守本分

猫捉老鼠
——靠自己的本事

猫钻狗洞
——容易通过

猫钻鼠洞
——通不过

猫嘴里的老鼠
——跑不了

毛驴拉磨
——跑不出这圈儿

茅厕里啃香瓜
——不对味儿

茅坑里安电扇
——出臭风头

茅坑里的秤砣
——又臭又硬

茅坑里的大粪蛆
——死(屎)里求生

茅坑里的孔雀
——臭美

茅坑里的石头
——又臭又硬

茅坑里丢炸弹
——激起公愤(粪)

茅坑里放玫瑰花
——显不出香味

冒名顶替
——以假乱真

帽檐儿做鞋垫儿
——贬到底

mei

没弦的琵琶
——从哪儿谈(弹)起
没牙老婆啃骨头
——靠舔
没有根的浮萍
——无依无靠

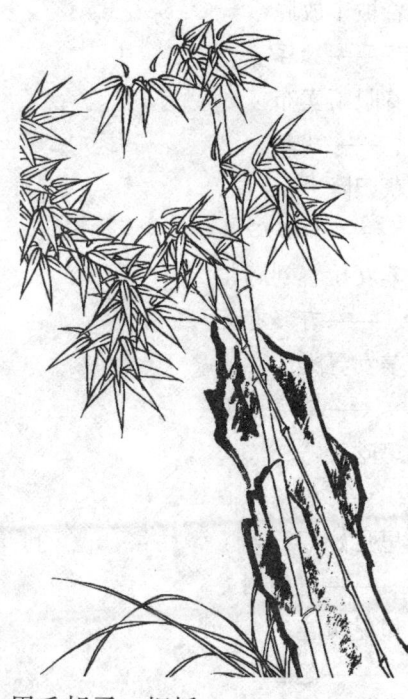

眉毛胡子一把抓
——主次不分
眉毛上搭梯子
——放不下脸
眉毛上荡秋千
——玄乎

眉毛上放爆竹
——祸在眼前
眉毛上挂猪胆
——苦在眼前
眉毛上掐虱子
——有眼色(虱)
眉毛上失火
——红了眼
梅兰芳唱霸王别姬
——拿手好戏
梅香拜把子
——都是奴才
媒婆夸姑娘
——说得像仙女
媒婆夸闺女
——天花乱坠
媒婆迷了路
——没说的了
媒婆提亲
——尽拣好听的说
媒婆子烂嘴
——口难张
煤灰拌石灰
——黑白不分
煤面子捏的人
——黑心肝
煤铺的掌柜
——赚黑钱
煤球放在石灰里
——黑白分明
煤炭下水
——一辈子洗不清

霉烂的冬瓜
　　　——一肚子坏水
霉烂了的莲藕
　　　——坏心眼
美食家聊天
　　　——讲吃不讲穿
妹妹贴对联
　　　——不分上下

men

门背后摸死人
　　　——提心吊胆
门缝里看人
　　　——把人看扁了
门后面的扫帚
　　　——专拣脏事做
门槛上拉屎
　　　——里外臭
门槛下的砖头
　　　——踢进踢出
门角落里的秤砣
　　　——死(实)心眼
门框脱坯子
　　　——大模大样
门上的封条
　　　——扯不得
门头上挂席子
　　　——不像话(画)

meng

猛火烤烧饼
　　　——不出好货
蒙上眼睛拉磨
　　　——瞎转悠
蒙在鼓里听打雷
　　　——弄不清东南西北
蒙着被子放屁
　　　——独吞
蒙着眼睛卖布
　　　——胡扯
孟获归降
　　　——口服心服
孟姜女拉着刘海儿
　　　——有哭有笑
孟姜女寻夫
　　　——不远千里
梦里吃蜜
　　　——想得甜
梦里见媳妇
　　　——想得倒美
梦里见黄连
　　　——想苦了
梦里讲的话
　　　——不知是真是假
梦里讲新郎
　　　——空喜一场
梦里结亲
　　　——好事不成

梦里拾钱
——瞎高兴
梦里坐飞机
——想头不低
梦中聚餐
——嘴馋

mi

弥勒佛
——笑口常开
米仓里的老鼠
——不愁没吃的
米店卖盐
——多管闲(咸)事

米筛里睡觉
——浑身是眼
米筛装水
——漏洞多
米汤盆里洗脸
——糊涂脑袋
米汤洗头
——糊涂到顶
密封船下水
——随波逐流
密封的蜡丸
——毫无破绽
密封的饮料
——滴水不漏
密封罐头
——无缝可钻

米饭煮成粥
——糊涂
米锅刚开抽柴禾
——关键时刻不讲合作
米筛挡阳光
——遮不住

蜜蜂的屁股
——刺儿头
蜜蜂的眼睛
——突出
蜜蜂飞到彩画上
——空欢喜

蜜蜂窝
——窟窿
蜜蜂蛰人
——逼急

mian

棉袄改皮袄
——越变越好
棉花槌打鼓
——没音
棉花地里种芝麻
——一举两得
棉花掉进水
——谈(弹)不成
棉花堆里找跳蚤
——没着落
棉花堆失火
——没救
棉花耳朵
——根子软,经不起吹
棉花换核桃
——吃硬不吃软
棉花卷儿打锣
——没回音
棉花里藏针
——柔中有刚
棉花塞住了鼻子
——憋得难受
棉裤没有腿
——凉了半截

棉纱线牵毛驴
——不牢靠
面糊糊手
——碰到啥都沾一点
面汤里煮灯泡
——说你混蛋还有一肚子邪火
面汤里煮皮球
——说你混蛋还有一肚子气
面汤里煮寿桃
——混蛋出尖了
面团滚芝麻
——多少沾一点

miao

庙里的佛爷
——有眼无珠
庙里的和尚
——无牵无挂
庙里的和尚撞钟
——名(鸣)声在外
庙里的马
——精(惊)不了
庙里的木鱼
——合不拢嘴
庙里的钟
——声有肚里空
庙里的猪头
——各有主
庙里头放屁
——熏爷爷来了

庙门口的旗杆
——光棍一条
庙门前的石狮子
——一对儿
庙中的五百罗汉
——各有各的地位

mo

摸黑儿打耗子
——到处碰壁
摸着光头逗乐
——耍滑头
摸着石头过河
——稳稳当当
摩天岭上放哨
——高瞻远瞩
摩天岭上放焰火
——天花乱坠
魔术师变戏法
——无中生有
魔术师表演
——说变就变
魔术师的手法
——无中生有
磨道里的驴
——转圈子
磨道上转圈
——没头没尾
磨上的毛驴
——团团转

磨上睡觉
——转向了
磨眼里推稀饭
——装什么糊涂
茉莉花喂骆驼
——那得多少
墨里藏针
——难找寻
墨鱼肚肠河豚肝
——又黑又毒

mu

母鸡跌米缸
——饱餐一顿
母鸡飞上树
——不是好鸟
母鸡上树
——不是正经鸟儿
母鸡下蛋呱呱叫
——生怕别人不知道
母老虎骂街
——没人敢惹
母猫吃小崽
——自残骨肉
母猪的耳朵
——软的
母猪毁墙根
——乱拱
母猪嫌米糠
——反常

歇后语大全

217

母猪钻进玉米地
　　——找着吃棒子
木板钉钉
　　——说一句是一句
木槌敲金钟
　　——不配
木耳豆腐一锅煮
　　——黑白分明

木夹里的老鼠
　　——两头受挤
木匠打老婆
　　——有尺寸
木匠钉钉子
　　——硬往里挤
木匠丢了折尺
　　——没有分寸
木匠拉大锯
　　——有来有去

木匠刨木料
　　——有尺寸
木匠铺里拉大锯
　　——你来我去
木匠推刨子
　　——直来直去
木刻的苦罗汉
　　——难得一点笑容
木框里的算盘珠子
　　——拨拨动动
木兰从军
　　——女扮男装
木棉开花
　　——朵朵红
木偶表演
　　——随着人家的指头转
木偶唱戏
　　——任人摆布
木偶打架
　　——身不由己
木偶吊孝
　　——无动于衷
木偶进棺材
　　——死不瞑目
木偶流眼泪
　　——虚情假意
木偶人
　　——没心肝
木偶送礼
　　——小恩小惠
木偶跳舞
　　——幕后操纵

木偶下海
　　——不着底
木偶演悲剧
　　——有声无泪
木头脑瓜
　　——四六不懂
木头敲鼓
　　——普(扑)通
木头人过河
　　——摸不着底
木头人救人
　　——自身难保

木头眼镜
　　——看不透
木箱钻洞
　　——有板有眼
木鱼改梆子
　　——还是挨打的货
木字写成才
　　——还差一笔
穆桂英大破天门阵
　　——阵阵少不下

N

na

拿菜刀哄孩子
——不是闹着玩的
拿豆腐挡刀
——招架不住
拿豆腐去垫台脚
——不顶事儿
拿个小钱当月亮
——吝啬鬼
拿根面条去上吊
——死不了人
拿了秤杆忘秤砣
——不知轻重
拿尿盆当帽子
——走到哪臭到哪
拿针眼当烟筒
——小鸟
拿住荷秆摸到藕
——抓根本

拿着棒槌缝衣服
——啥也当真(针)
拿着草帽当锅盖
——乱扣帽子
拿着车票进戏馆子
——对不上号
拿着钝刀抹脖子
——杀不死也痛
拿着凤凰当鸡卖
——贵贱不分
拿着擀面杖当箫吹
——实心没眼儿
拿着和尚当秃子打
——冤枉好人
拿着虎皮当衣裳
——吓唬人
拿着活人当熊耍
——愚弄人
拿着鸡蛋走滑路
——小心翼翼
拿着鸡毛当令箭
——小题大做

拿着脸盆打月亮
——不知轻重
拿着扫帚上杏树
——招杏(兴)
拿着算盘串门
——找仗(账)打
拿着铁锹当锅使
——穷极了
拿着鞋子当帽子
——上下不分
拿着野鸡做供品
——家财难言
纳鞋底戳了手
——真(针)气人

nai

奶妈抱孩子
——人家的
奶妈怀里的娃娃
——人家的

nan

南风上在瓦盆里
——没出息
南瓜菜就窝头
——两受屈
南瓜地里栽山芋
——扯来扯去

南瓜地里种豆角儿
——绕过来扯过去
南瓜蔓上结芝麻
——越小越香
南瓜苗掐尖
——出岔了
南瓜命
——越老越甜

南瓜叶揩屁股
——两面不讨好
南墙根儿的茄子
——阴蛋
南天门的旗杆
——光棍一条
南天门上唱戏
——没声没影
南天门上打伞
——跳邪气
南天门上的玉柱
——光杆儿

南天门上捅窟窿
　　——塌天大祸
南天门上种南瓜
　　——难(南)上加难(南)
南天门作揖
　　——高情(擎)难(南)领(岭)

nao

脑袋进了拍卖行
　　——要钱不要命
脑袋上插烟卷
　　——缺德带冒烟儿
脑袋上长疮,脚底板流脓
　　——坏透了
脑袋上戴犁头
　　——又奸(尖)又猾(滑)
脑袋上顶锅巴
　　——犯(饭)人
脑袋上刷糨糊
　　——糊涂到顶
脑袋系在裤带上
　　——不要命
脑瓜上套袜子
　　——能出角(脚)了
脑壳上安电扇
　　——出风头
脑壳上穿袜子
　　——不是角(脚)
脑壳上顶门板
　　——好大的牌子

脑壳上顶娃娃
　　——抬举人
脑门上长瘤子
　　——额外负担
脑门上长眼睛
　　——眼向上
脑门上钉门扳
　　——好大牌子
脑门上开口
　　——对天讲话
脑勺子后长疙瘩
　　——看不见自己的缺点
闹市里盖公厕
　　——方便大家
闹市里开店铺
　　——有利可图

ne

哪吒发火
　　——耍孩子脾气
哪吒闹海
　　——惊天动地

nen

嫩苗苗
　　——根底浅
嫩竹子做扁担
　　——挑不了重担

ni

尼姑生孩子
——暗中行事
尼姑偷汉
——躲躲闪闪
尼姑有喜
——不好处理
泥巴捏的小子
——没骨气
泥佛爷的眼珠儿
——动不得
泥捏的老虎
——样子凶
泥菩萨摆渡
——难过
泥菩萨打架
——两败俱伤
泥菩萨渡海
——没人(神)保
泥菩萨过河
——自身难保
泥菩萨伸手
——死活都要钱
泥菩萨身上长了草
——慌(荒)了神
泥菩萨摔跤
——散架子
泥菩萨洗脸
——失(湿)面子

泥鳅吃了石灰水
——死硬
泥鳅打鼓
——乱谈(弹)
泥鳅上沙滩
——不怕你滑
泥人吃饺子
——难言(咽)
泥人的肚腹
——毫无心肝
泥人掉在河里
——没人样了
泥人经不起风雨
——本质太差
泥水沟里游泳
——施展不开
泥水匠拜佛
——心里明白
泥水匠的瓦刀
——光图(涂)表面
泥水匠招手
——要你(泥)
泥娃娃的嘴
——总是笑呵呵的
泥娃娃遭雨淋
——软瘫了
泥瓦匠出身
——和稀泥
泥瓦匠砌墙
——两面三刀
泥蒸的馒头
——土腥味

泥做的菩萨
——全靠贴金
你吃鸡鸭肉,我啃窝窝头
——各人享各人福
你打我一拳,我踢你一脚
——谁也不让谁
你卖门神我卖鬼
——同行
你去南极我去北极
——各走一端
你有秤杆我有砣
——配得起你
你有骏马我有金鞍
——配得起你
你做生意我教书
——人各有志
逆水行船
——不进则退

nian

年画上的鱼
——中看不中吃

年三十晚上打兔子
——有它过年,没它也过年
撵走狐狸住上狼
——一伙比一伙凶
碾子磨
——实(石)对实(石)
念完了经打和尚
——有用是亲,无用是仇

niang

娘不正经
——热(爹)多
娘娘养侄女
——两耽搁

niao

鸟儿搬家
——远走高飞
鸟见树不落
——要飞了
鸟类吃食
——不得不低头
鸟枪换炮
——抖起来了
鸟字写成乌
——还差一点
尿鳖子打酒
——满不在乎(壶)

尿壶掉井里
——吞吞吐吐
尿壶没底
——下流

nie

捏鼻子吃葱
——忍气吞声(生)
捏鼻子吹螺号
——忍气吞声
捏鼻子捂嘴巴
——不闻不问
捏死手中鸟
——轻而易举
捏住鼻子过日子
——不闻香臭
捏着鼻尖儿做梦
——不成
捏着鼻子唱戏
——闷腔
捏着拳头过日子
——心里憋气
捏着一分钱能攥出汗来
——会过日子

niu

牛背上放马鞍
——乱套了

牛鼻子上的跳蚤
——自高自大
牛吃赶车人
——无法无天
牛打架
——死顶
牛犊拉车
——乱套
牛犊子扑蝴蝶
——看着容易做着难
牛粪堆上的蘑菇
——好看不好吃
牛给羊抵头
——仗着脸上
牛角尖对牛角尖
——对奸(尖)
牛角上挂稻草
——轻巧
牛角上爬蚂蚁
——不显眼
牛龛里的虫
——硬钻
牛拉汽车
——怪事一桩
牛栏里关猪
——靠不住
牛栏里伸进张马嘴
——没你开口的分儿
牛郎约织女
——后会有期
牛郎织女相会
——一年一次

牛奶里掺墨汁
　　　——黑白混淆
牛皮袄子反穿
　　　——逗虱子走弯路
牛皮鼓，青铜锣
　　　——不打不响
牛皮鼓
　　　——声大肚子空
牛皮鼓沾水
　　　——不响
牛屁股缝里的牛蛇虫
　　　——又会钻空子，又会吸血
牛屁股后的苍蝇
　　　——盯(叮)上不放
牛屁股后面念祭文
　　　——说空话
牛身上拔根毛
　　　——无伤大体
牛死日也落
　　　——祸不单行
牛蹄子两瓣
　　　——合不拢
牛蹄子上供
　　　——就显你角(脚)大
牛王爷不管驴的事
　　　——各管各的
牛眼看人
　　　——高瞧了你

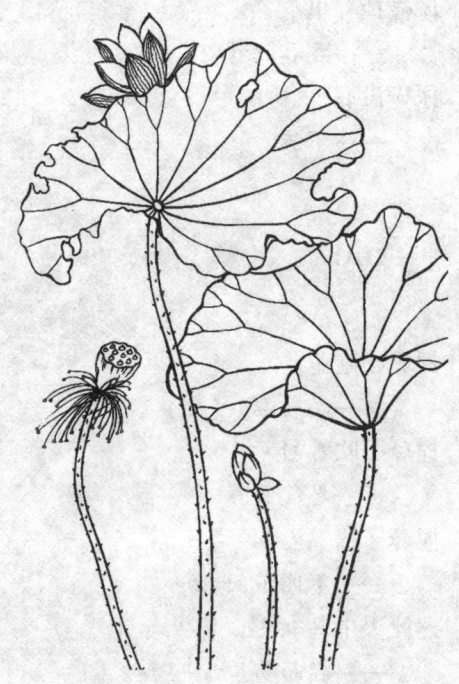

nong

农村的老黄牛
　　　——苦了一辈子
脓包破了顶
　　　——烂透了

nü

女儿国办婚事
　　——难得有一回

女儿国招驸马
　　——一厢情愿

女鬼偷汉
　　——死不要脸

女子走钢丝
　　——胆大心细

O

ou

偶像面前磕头
————毕恭毕敬

藕丝炒黄豆芽
————勾勾搭搭

藕炒豆芽
————内外勾结

藕炒黄豆
————钻空(孔)子

藕丝炒韭菜
————清清白白

沤烂的花生
————不是好人(仁)

P

pa

趴在磨子上睡觉
——想转了
爬山冠军
——捷足先登
爬上马背想飞天
——好高骛远
爬上塔顶吹笛子
——高调
爬竿比赛
——看谁上得快
爬楼梯跌跤
——爬得越高摔得越重
爬山虎的本领
——会巴结
怕死碰见鬼子兵
——在劫难逃

pai

拍大腿吓老虎
——一点没用
拍马屁拍到马嘴上
——会咬一口
拍马屁拍到蹄子上
——倒挨一脚
拍拍屁股就走
——不管了
排笔绘画
——线条太粗
排队梳辫子
——一个一个来
排骨烧豆腐
——有硬有软
牌楼下躲雨
——暂避一时
迫击炮打蚊子
——小题大做

迫击炮对机关枪
　　——半晌回一句

pan

潘金莲熬药
　　——暗地里放毒
潘金莲给武松敬酒
　　——不怀好意
潘金莲敬酒
　　——丑话说在前
盘山公路上开车
　　——要善于转弯
判官办案
　　——吓死人
判官演魔术
　　——尽耍鬼把戏
盼望出太阳的姑娘
　　——热情(晴)人

pang

螃蟹教子
　　——不走正道
螃蟹拉车
　　——使横劲
螃蟹娶亲
　　——尽是王八
螃蟹吐沫
　　——没完没了

胖大海掉进黄连水
　　——苦水里泡大的
胖婆娘过窄门
　　——门当(挡)户对
胖子穿小褂
　　——不合身

pao

抛球招亲
　　——未必如意
跑步比赛
　　——你追我赶
跑了虾公捉到鲤鱼
　　——理(鲤)更好
跑了羊修圈
　　——防备后来
跑马使绊子
　　——存心害人
泡泡糖粘住糯米饭
　　——扯也扯不开
泡软了的豆子
　　——不干脆
泡透的土墙
　　——不久长

pen

喷火器的脾气
　　——张口就发火

盆子里摆鸡蛋
——可数的几个
盆子里摆山水
——假景

peng

膨胀的皮球
——一肚子气
捧着金碗当乞丐
——何必求人
捧着金碗要饭吃
——装穷叫苦
捧着泥鳅
——耍滑头

pi

披麻救火
——自讨苦吃
披蓑衣救人
——惹火(祸)上身
砒霜拌姜汁
——毒辣
砒霜里浸辣椒
——毒辣透顶
皮裤套皮裤
——定有缘故
皮箩里洗虾公
——一个也跑不了

皮球擦油
——又圆又滑
皮球掉在油缸里
——又圆又滑
皮球落水
——浮在表面
皮球上戳了一刀
——泄了气
皮球上磨刀
——泄气
皮软骨头硬
——表面和气

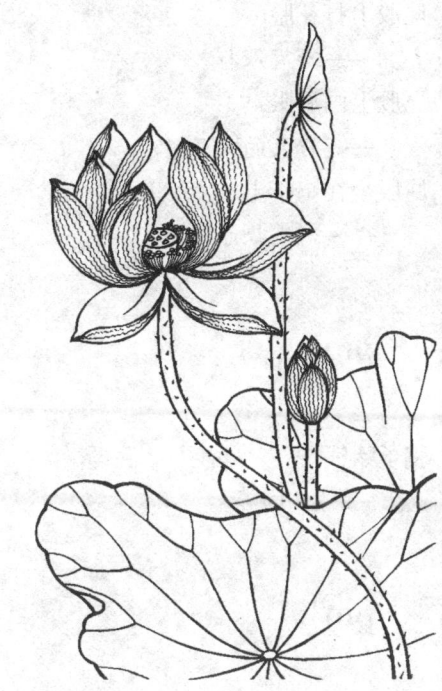

皮条打人
——该收拾
皮娃娃砸狗
——招你不当人

皮鞋打蜡
　　——一时光
皮影戏
　　——一牵就走
屁股底下坐火箭
　　——蹿儿啦
屁股底下安弹簧
　　——一蹦老高
屁股上插针
　　——越隐越深
屁股上持锯子
　　——截断后路
屁股上打花脸
　　——哪有人样
屁股上画眉眼
　　——好大的面子
屁股坐在鸡蛋上
　　——一塌糊涂

pian

骗子赌钱
　　——耍手腕

pin

拼死吃河豚
　　——一命搏一命
贫血病人
　　——脸上无光

ping

平地里起坟堆
　　——无中生有
平光镜
　　——八面光
屏风上贴门神
　　——话（画）中有话
瓶口封蜡
　　——滴水不漏
瓶子里的苍蝇
　　——没有出路

po

泼妇搽粉
　　——只图脸上好看
婆婆一个说了算
　　——没公理
婆婆嘴吃西瓜
　　——滴水不漏
婆媳吵架儿子劝
　　——左右为难
破被子包珍珠
　　——好的在里面
破表
　　——没准儿
破茶壶掉进水里
　　——几头进水

破大褂
　　——没理(里)
破罐子
　　——甩了
破夹袄上绣牡丹
　　——图表面好看
破饺子
　　——溜边了
破喇叭
　　——别吹了

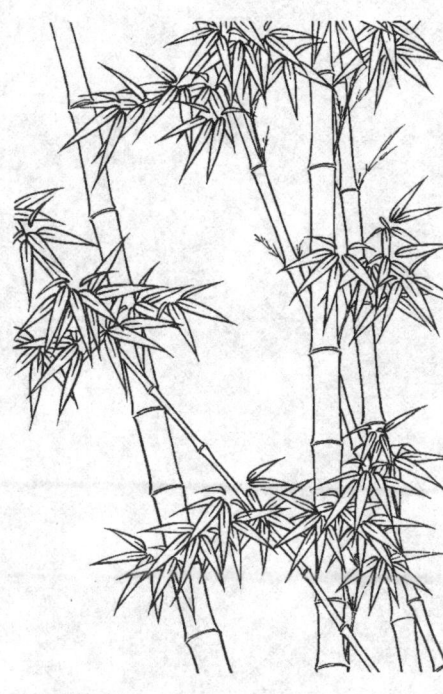

破梁做根烧火棍
　　——大材小用
破麻袋装着烂套子
　　——不是好货
破棉袄套绸衫
　　——装面子

破皮球,烂轮胎
　　——到处泄气
破皮球缝帽子
　　——不成器(盛气)
破琵琶
　　——不好谈(弹)
破网打鱼
　　——瞎张罗
破网捞虾
　　——落空
破屋门
　　——老得用棍儿顶着
破蒸笼蒸馒头
　　——浑身出气

pou

剖腹藏珍珠
　　——爱财不爱命
剖腹藏珠
　　——要钱不要命
剖腹献肝胆
　　——死尽忠心
剖开墨鱼肚
　　——一副黑心肠
剖鱼得珠
　　——喜出望外

pu

菩萨的长虫
　　——佛口蛇心
菩萨的胡须
　　——人造的
菩萨的胡子
　　——人安的

菩萨的心肠
　　——软的
菩萨掉大河里
　　——留(流)神
菩萨坐冷庙
　　——孤苦伶仃
葡萄架下乘凉
　　——舒适
葡萄汁充花露水
　　——不是那块香料

Q

qi

七八月的南瓜
——皮老心不老

七尺汉子六尺门
——不得不低头

七擒孟获
——叫他口服心服

七石缸里捞芝麻
——费工夫

七仙女嫁董永
——采取主动

齐桓公用董仲
——不记前仇

骑老牛追快马
——望尘莫及

骑楼下躲雨
——暂避一时

骑驴看唱本
——走着瞧

骑驴拿拐杖
——多此一举

骑驴望着坐轿的
——比上不足，比下有余

骑马背包袱
——全在马身上

骑马不带鞭子
——拍马屁

骑马过独木桥
——回头难

骑马过闹市
——岂有此理

骑马上独木桥
——回不得头

骑马上天山
——回头见高低

骑马时间少，擦镫时间多
——本末颠倒

骑毛驴不用赶
——道熟

骑毛驴不用赶
——道儿良好

骑牛找牛
　　——老糊涂
骑牛追马
　　——望尘莫及
骑着骆驼吃包子
　　——乐颠了馅儿
骑着骆驼赶着鸡
　　——不识高低
棋盘里的老将
　　——出不了格
棋盘上的士象
　　——不离将
棋盘中的子儿
　　——捻一下，动一步
旗杆顶上拉胡琴
　　——唱高调儿

旗杆上的灯笼
　　——高明
旗杆上挂地雷
　　——空想(响)
乞丐吃醋
　　——一副穷酸样
乞丐吃梅子
　　——穷酸
乞丐打铃
　　——穷得丁当响
乞丐的衣服
　　——破绽多
乞丐过日子
　　——全靠别人施舍
乞丐进发廊
　　——没人理
乞丐扭秧歌
　　——穷快活
乞丐说相声
　　——耍贫嘴
乞丐跳舞
　　——穷快活
乞丐养猪
　　——没料儿
起重机吊灯草
　　——不值一提
起重机吊鸡毛
　　——大材小用
气象大学毕业的
　　——听见就是雨，见闪就是雷
气球上天
　　——吹起来了

汽车死了火
——要人推
砌墙的砖头
——后来居上

qian

千斤顶干活
——不怕压力大
千斤顶伸头
——压上劲了
千里搭长棚
——没有不散的筵席
千里送鹅毛
——礼轻情意重
千里送客
——总有一别
千里行军才起步
——路长着呢
千年的大树
——根深叶茂
千年的狐狸精
——古怪
千年的铜器
——老古董
千年的铜钟
——经得起打击
千年的野猪
——老虎的食
牵牛过独木桥
——难过

牵牛花儿当喇叭吹
——闹着玩
牵牛花讨好
——顺杆爬
牵瘸驴上窟窿桥
——锥戳不动
牵只羊全家动手
——人浮于事
牵着骆驼数着鸡
——高的高来低的低
牵着羊进照相馆
——出洋（羊）相
前面是狼后面是虎
——一个比一个凶
前面是死胡同
——行不通
前妻的孩子哄后娘
——尽说瞎话
前藤子上上吊
——难死人
前有强敌后有追兵
——进退两难
钱串子脑袋
——见窟窿就钻
钱塘江涨潮
——大起大落
钱眼里睡觉
——细人
潜水运动
——要沉住气
浅滩上放木排
——一拖再拖

欠债不还
——放赖
欠债还钱
——理所当然

qiang

强盗发善心
——难得一回
强盗碰着贼爷爷
——黑吃黑
强盗照镜子
——贼头贼脑
强盗走了扛出枪来了
——假充勇敢
强盗做梦
——想着偷
强拉媳妇成亲
——人在心不在
墙缝里的蚂蚁
——自有路数
墙缝里的蚂蚁
——不愁没出路
墙缝里的蝎子
——暗中伤人
墙上的麦子
——野种
墙头上种白菜
——难交（浇）
墙头上睡觉
——难得翻身

墙头上种菜
——没缘（园）
抢吃弄破碗
——欲速则不达

qiao

敲锅盖卖大饼
——好大的牌子
敲开的木鱼
——合不拢嘴
敲锣卖糖
——各干一行
敲锣撵兔子
——起哄
敲锣碰到放炮的
——想（响）到一个点子上
敲锣捉麻雀
——一个逮不了
敲着空米缸唱戏
——穷开心
荞麦地里藏秃子
——没有看出来
荞麦地里抓王八
——十拿九稳
荞麦捏的
——没有骨头
荞麦皮打糨糊
——粘不到一起
荞麦皮里挤油
——死抠

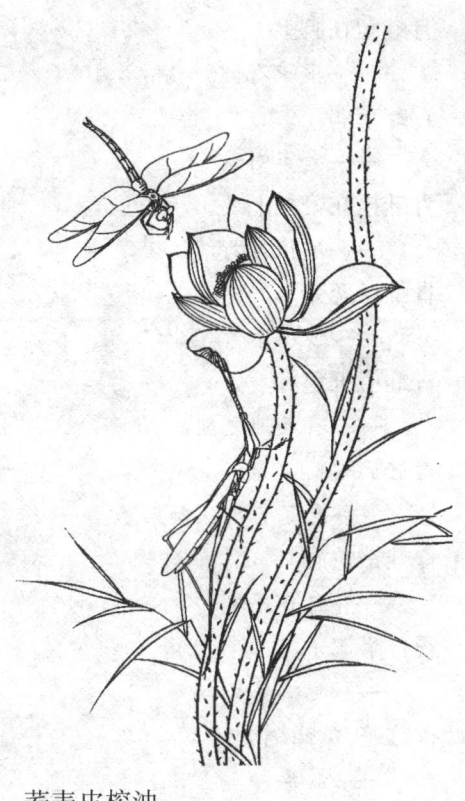

俏大姐的头发
——波涛滚滚
俏大姐择眉毛
——连根拔
俏媚眼给盲佬看
——传错情
俏媳妇戴凤冠
——好上加好
翘辫子不叫翘辫子
——死了

qie

切菜刀剃头
——真玄
茄子开黄花
——变了种

荞麦皮榨油
——无中生有
桥顶上盖搂
——上下空
桥孔里插扁担
——担不起
桥孔里伸扁担
——担当不起
桥是桥,路是路
——一清二楚
巧他爹打巧他娘
——巧上加巧
巧媳妇
——难做无米之炊

qin

秦桧的后代
——奸小子
秦桧杀岳飞的罪名
——莫须有
秦桧杀岳飞
——罪名莫须有
秦桧要负担
——没给的
秦始皇的奶奶
——有年纪啦

秦始皇收兵器
——高枕无忧
秦叔宝的黄骠马
——来头不小

qing

青菜煮豆腐
——没什么油水
青草喂牛
——有嫩的咬了
青面虎下山
——小打扮
青皮菠萝
——还不成熟
青染缸里洗澡
——一身轻(青)
青石板上炒豆子
——熟一个,蹦一个
青石板上的青苔
——扎不下根
青石板上摔乌龟
——硬碰硬
青桐木做杠子
——硬邦邦
青蛙唱歌儿
——呱呱叫
青蛙吃黄蜂
——倒挨了一锥子
青蛙过冬
——待着不动

青蛙爬在脚上
——不咬人,吓一跳
青蛙求偶
——大声叫喊
青蛙拴在鞭梢上
——不值摔打
青蛙谈恋爱
——吵闹不休
青蛙望玉兔
——有天地之别
青蛙笑蝌蚪
——忘了自己从哪来了
青蛙钻蛇洞
——自寻死路
青竹竿掏茅坑
——越掏越臭
青竹蛇,黄蜂尾上针
——最毒
倾巢的黄蜂
——一哄而散
清明后的笋子
——一夜一节子
清明时节黄梅雨
——年年如此
清水潭里扔石头
——一眼望到底
清油炒菜
——各有所爱
清蒸鸭子
——浑身稀烂嘴巴硬
蜻蜓吃尾巴
——自咬自

蜻蜓点水
——东一下,西一下
蜻蜓点水鱼打花
——没有用
蜻蜓点水
——只接触表面
蜻蜓撞着蜂蛛网
——有翅难飞
请个猴子去摘桃
——到不了你肚里
请来阎王压判官
——以大欺小
请狼来做客
——活得不耐烦
请瓦匠上房顶
——查漏洞
请小姨子做伴
——不安好心眼

穷皮匠的家当
——破鞋
穷人打官司
——屁股上前
穷人掉雪窟
——又冷又饿
穷人买米
——只要一声(升)
穷人卖女儿
——迫不得已
穷人卖仔
——逼不得已
穷秀才娶亲
——一切从简
穷债户过年
——躲躲闪闪
穷嘴恶舌头
——招人讨厌

qiong

穷大奶奶逛庙会
——要人没人,要钱没钱
穷风流,饿快活
——苦中作乐
穷寡妇赶集
——要人没人,要钱没钱
穷寡归回娘家
——苦衷难诉
穷汉下馆子
——肚里窄,兜里光

qiu

秋风扫落叶
——一吹一大片
秋后拔萝卜
——再硬也要碰
秋后蝉鸣
——声嘶力竭
秋后的棒子地
——好硬的碴子
秋后的瓜棚
——空架子

秋后的蝈蝈
——没几天吱吱头了
秋后的狐狸
——变了样
秋后的黄蜂
——欲凶无力
秋后的黄瓜
——蔫了
秋后的蚂蚱
——蹦跶不了几天
秋后的扇子
——无人过问
秋后的树叶
——黄了
秋后的丝瓜
——一肚子私（丝）
秋后的蚊子
——没几天嗡嗡头了
秋后的蚊子
——又欢起来了
秋后高粱
——从头红到脚
秋后刮西风
——一天凉过一天
秋千打成一字平
——大动荡
秋天剥黄麻
——尽是扯皮事
秋天的柿子
——越老越红
蚯蚓戴帽子
——土里土气

蚯蚓钩鲤鱼
——以小引大
蚯蚓刨地
——费力不小，收获不大
球场上的足球
——被人踢来踢去
球场上跑步
——尽兜圈子

qu

去北极考察
——任重道远

quan

全身瘫痪
——动弹不得
全世界只有一个月亮
——争也没用
泉水里看石头
——一清二楚
拳击比赛
——你不打他他也打你
拳头捣辣椒
——辣手
拳头打跳蚤
——吃亏的是自己
拳头上跑马
——能人儿

劝牛不吃草
——白费口舌

que

缺根竹子照样扎竹排
——不稀罕你
缺尾巴虾
——掀不起大浪
缺牙啃西瓜
——道道多
瘸驴的屁股
——邪(斜)门歪道
瘸驴配破磨
——两将就
瘸腿跟着瞎子走
——取长补短
瘸子踩高跷
——早晚有他的好看

瘸子穿大衫
——抖起来了
瘸子放屁
——一股邪气
瘸子靠着瞎子走
——取长补短
瘸子骑瞎驴
——互相照应
瘸子驼背
——卑躬(背弓)屈膝
瘸子携瞎子
——高低跟着走
瘸子追小偷
——越喊越远
瘸子走山路
——东倒西歪
鹊桥相会
——一年一度

R

ran

染店门里吹笛子
———有声有色
染布不匀
———料不到
染坊的大缸
———任人摆布
染坊里的衣料
———由人摆布
染缸里落白布
———再也洗不清
染匠穿白褂
———再当心也不行
染匠送礼
———拿不出手

rang

让拐子送信
———过时
让了香瓜寻苦瓜
———自讨苦吃
让羊看菜园
———自找苦吃

re

热锅爆米花
———乱蹦乱跳
热锅里的汤团
———翻翻滚滚
热锅里的鸭子
———窝脖
热锅上的蚂蚁
———走投无路

热锅上的蒸笼
　　——气到顶了
热火盆里抽火炭
　　——冷落
热面孔碰到冷毛巾
　　——无情
热闹处卖母猪
　　——尽做败兴事

热身子滚到冰窖里
　　——凉了半截
热水瓶脾气
　　——外面冷里面热
热水瓶上系索子
　　——水平有限
热蹄子马
　　——闲不住

热天穿皮袍
　　——哪有

ren

人把狗咬死了
　　——怪事一桩
人到古稀穿花衣
　　——老来俏
人各吃得半升米
　　——哪个怕哪个
人急跳窗户
　　——不是门
人身上拔根汗毛
　　——无伤大体
人身上的汗毛
　　——数不清
人头上长疥疮
　　——毛病
人头上长牛角
　　——比别人出格
人心隔肚皮
　　——没法猜
人在屋檐下
　　——不得不低头
人造牛黄
　　——冒牌货
人上屋顶
　　——坐不住

歇后语大全

reng

扔了拐杖作揖
　　——老兄老弟
扔下讨饭篮打乞丐
　　——忘本
扔下铁锤拿灯草
　　——拈轻怕重
扔出去的手榴弹
　　——没人敢要

ri

日出西山水侧流
　　——天下奇事
日历不叫日历
　　——白扯
日头从西边出
　　——不可能
日头晒冰块
　　——化了

rong

绒毛鸭子下水
　　——新学
绒球打脸
　　——吓唬人
绒球打锣
　　——没有声音

rou

肉案上的秤
　　——油沾了心（星）
肉案上的买卖
　　——斤斤计较
肉包子打狗
　　——有去无回
肉骨头打鼓
　　——昏（荤）咚咚
肉骨头擂大鼓
　　——有点五荤六素
肉烂在锅里
　　——肥水不往外流
肉焖在锅里
　　——香气在外
肉汤里煮元宵
　　——混（荤）蛋
肉丸子掉进煤堆里
　　——漆黑一团

ru

如来佛出虚恭（放屁）
　　——好神气
如来佛的手心
　　——谁也甭想逃出去

如来佛掌上翻跟头
　　——跳不出去
如来佛治孙悟空
　　——强中还有强中手
如意馆的面
　　——不值钱
入伏的高粱
　　——天天向上
入秋的高粱
　　——老来红
入秋的石榴
　　——点子多

入市乌龟
　　——得缩头时且缩头

ruan

软骨头卡在喉咙里
　　——张口结舌
软枣(黑枣)树上结柿子
　　——小事(柿)一宗
软竹扁担
　　——挑不起重担

S

sa

仨鼻子眼儿
　　——多出一口气儿
仨钱买匹马
　　——自骑自夸
撒了谷子拾稻草
　　——不分主次
撒了盐的热锅
　　——热闹开了

sai

赛马场上的冠军
　　——一马当先

san

三把钥匙挂胸膛
　　——开心开心真开心
三百斤的野猪
　　——全凭一张嘴
三本经书掉了两本
　　——一本正经
三岔口的地保
　　——管得宽
三朝的牛痘
　　——溜(瘤)起来了
三尺长的被单
　　——顾头不顾脚
三尺长的吹火筒
　　——只有一个心眼
三尺长的梯子
　　——搭不上言(檐)
三尺门槛
　　——高抬不上

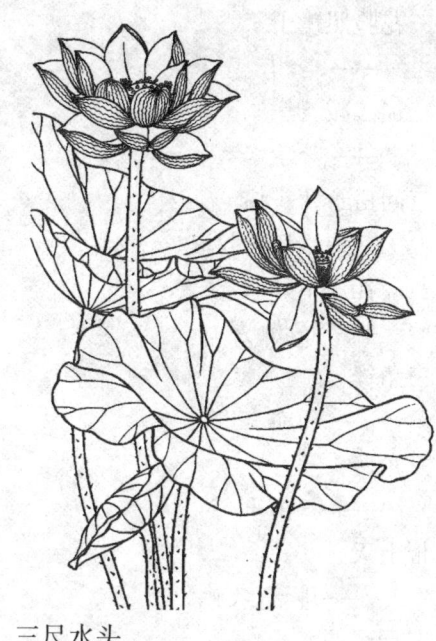

三尺水头
　　——捉不到大鱼
三寸舌头是软的
　　——横说竖说都有理
三代人出门
　　——扶老携幼
三点成一线
　　——准了
三分面粉七分水
　　——十分糊涂
三分钱的烧饼
　　——大不了
三分钱买个臭猪蹄
　　——贱货
三分钱买个烧饼还看薄厚
　　——小气得很
三分钱买个小黑瞎子
　　——熊玩意

三分人才七分鬼
　　——人不像人,鬼不像鬼
三伏天穿棉袄
　　——里外发热
三伏天打抖
　　——不寒而栗
三伏天的狗
　　——上气不接下气
三伏天的馊豆腐
　　——变坏了
三伏天刮西北风
　　——莫名其妙
三伏天喝凉茶
　　——浑身痛快
三伏天卖不掉的肉
　　——臭货
三伏天烧炉子
　　——可热火啦
三斧头砍不入的脸
　　——好厚
三个半人抓螃蟹
　　——七手八脚
三个菩萨烧两炷香
　　——没得你的希望
三个菩萨堂
　　——妙妙妙(庙庙庙)
三个钱的豆腐脑
　　——现成
三个钱买个蛤蟆
　　——越看越瘪
三个钱买个牛肚子
　　——尽吵(草)

三个钱买条毛驴
——自骑自夸
三个钱买条腌臭鱼
——越看越不是货
三个钱买一碗兔血
——不是好东西
三个钱买猪头
——就是一张嘴
三个钱拈个字筒筒
——只有他说的,没有你说的
三个手指捡田螺
——十拿九稳
三个铜子入两处
——一是一,二是二
三个头头一个兵
——不知听谁的
三个土地堂
——妙妙妙(庙庙庙)
三个小鬼拿不着他
——比鬼还鬼
三个醉汉撒酒疯
——闹个不停
三根缆绳拴两边
——使偏劲
三更半夜出世
——害死(亥时)人
三顾茅庐
——好难请
三棍打不出屁来
——老实到家了
三合板上雕花
——刻薄

三花脸照镜子
——鬼相
三加二减五
——等于零
三间房子两头住
——谁还不知道
三间瓦房不开门
——怪物(屋)
三角锉刀
——面面有用
三角砖头
——摆不平
棍上天
——诽谤(飞棒)
三斤半的鸭子
——充鹅
三斤半鸭子二斤半嘴
——多嘴多舌
三斤面粉调七斤油
——稀里糊涂
三九天吃冰棍
——寒了心
三九天吃辣椒
——嘴辣心热
三九天吃梅子
——寒酸
三九天穿单褂
——抖起来了
三九天穿单衣
——威(畏)风
三九天穿短衫
——抖不起威风

歇后语大全

三九天穿裙子
　　——美丽又动(冻)人
三九天的冰棍
　　——没人理
三九天喝姜汤
　　——热心肠
三九天种小麦
　　——不是时候

三九天送皮袄
　　——暖人心
三句话不离本行
　　——干啥说啥
三里地两头走
　　——磨蹭
三流子哥,大流子弟
　　——二流子
三六九赶场
　　——有人说话

三毛的头发
　　——稀少
三毛加一毛
　　——时髦(四毛)
三亩地里一棵谷
　　——单根独苗
三亩棉花三亩稻
　　——晴也好来雨也好
三亩竹园出棵笋
　　——独一无二
三年不漱口
　　——一张臭嘴
三年不知肉味
　　——不吃香
三年不种花
　　——道(稻)地
三片子嘴
　　——能说会道
三千丈的悬崖
　　——高不可攀
三钱的胡椒
　　——一撮儿
三人过独木桥
　　——有先有后
三人两根胡子
　　——稀少
三色圆珠笔
　　——多心
三升米粑
　　——难处(搓)
三十六计
　　——走为上

三十年的纺织娘
——老油(蚰)嘴

三十年做寡妇
——老守

三十岁不留胡子
——凭据在心里

三十晚上逼债
——年关难过

三十晚上的案板
——没得空

三十晚上买灶王爷
——实在找不到卖的

三十晚上盼初一
——指日可待

三十晚上盼月亮
——没指望

三十晚上失了牛
——明年的事

三十晚上说大书
——讲的讲,听的听

三十晚上喂年猪
——来不及了

三十晚上折纸锞送灶王
——寻事做

三十晚上煮稀饭
——不像过年的架势

三十晚上走路
——没影子

三十才学吹鼓手
——为时已晚

三岁小孩买棺材
——早做准备

三岁小孩贴对联
——上下不分

三天不偷当老大
——假正经

三天打鱼两天晒网
——做得少,丢得多

三天卖九条黄瓜
——浪荡

三条腿的蛤蟆
——怪物

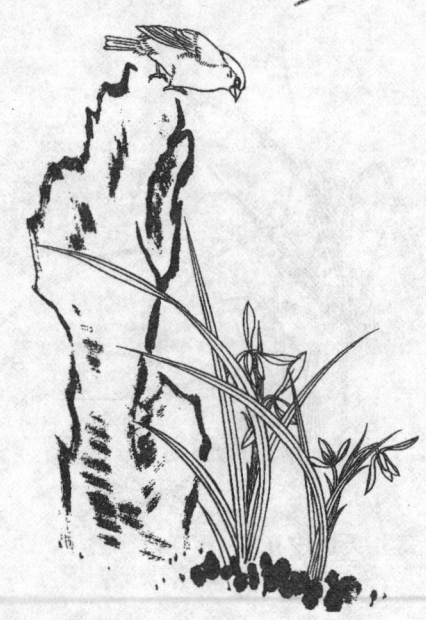

三腿的毛驴
——跑不了

三条腿的桌子
——没法垫

三碗稀饭换碗面
——没有多少便宜占

三下五去二
——干脆利索

三下五去四
——错打了算盘
三下子少了一下子
——还有两下子
三仙讲道情
——闲说
三眼枪打兔子
——没准
三月的冰河
——开了动(冻)
三月的桃花
——空好看
三月的杨柳
——分外亲(青)
三月间的菜薹
——不论(墩)
三月间的樱桃
——红不久
三月里的芥菜
——早有心
三月里扇扇子
——满面春风
三月鸭蛋
——尽闲(咸)
三张纸画一个人头
——好大的面子
三丈长的扁担
——摸不着头尾
三只脚的板凳
——不稳
三锥子扎不出一点血

三字经倒着念
——人性狗(苟)
伞兵跳伞
——一落千丈
散了架的南瓜棚
——支撑不开
散了棵的白菜
——没有心

sang

桑蚕不作茧
——昼夜常(长)思(丝)
桑木扁担
——宁折不弯
桑葚落地
——熟透了
嗓门里喷胡椒粉
——够呛
嗓子眼里长骨头
——有口难言
丧家狗
——头低低

sao

骚狐狸见不得关二爷
——邪不压正
扫把戴草帽

253

扫厕所的当知县
　　——底子臭
扫帚打跟头
　　——成精作怪
扫帚颠倒竖
　　——没大没小
扫帚顶门
　　——岔(叉)子多
扫帚画花
　　——粗树大叶
扫帚写生
　　——大话(画)
扫帚作揖
　　——拜把子

se

色盲人学画
　　——不分青红皂白

sen

森林电厂
　　——全是光棍

sha

杀狗不会,谈狗有余
　　——会说不会做

杀鸡给猴子看
　　——杀一儆百
杀鸡用牛刀
　　——小题大做
杀牛取肠
　　——不合算
杀人不见血
　　——心狠手辣
杀人不用刀枪
　　——软收拾
杀人和尚念佛经
　　——假慈悲
杀猪不吹气
　　——蔫退(煺)
杀猪刀子刮胡子
　　——太悬乎
杀猪的改行
　　——放下屠刀
杀猪的遇见拦路的
　　——都有家伙
砂锅炒豆子
　　——崩了
砂锅炖肉
　　——熬出来的
砂锅里的火药
　　——容不得半点火星
砂锅里煮皮球
　　——滚蛋
砂锅里煮羊头
　　——脑袋早软了嘴还硬
砂锅子捣蒜
　　——一锤子买卖

沙地上推小车
　　——一步一个脚印
沙罐里炒胡豆
　　——扒拉不开
沙河里的石头
　　——又圆又滑
沙里淘金
　　——有也不多
沙漠里的鸵鸟
　　——顾头不顾尾
沙漠里盼水喝
　　——干着急
沙丘的家
　　——不定
沙石打青石
　　——实(石)打实(石)
沙滩里栽花
　　——扎不下根
沙滩上的黄鳝
　　——寿命不长
沙滩土的石子
　　——俯首皆是
沙滩上捡小米
　　——不够工夫钱
沙滩上浇水
　　——一点不剩
沙滩上浇油
　　——白搭
沙滩上行船
　　——进退两难
沙滩上走路
　　——一步一个脚印

沙土窝里放屁
　　——孩子气
沙窝里种荞麦
　　——不成
鲨鱼学黄鳝
　　——尽想滑
傻二哥算账
　　——糊里糊涂

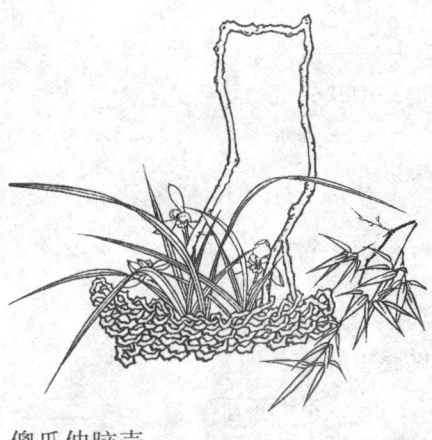

傻瓜伸脑壳
　　——呆头呆脑
傻娘娘骂街
　　——碰不得
傻小子拔萝卜
　　——硬拧
傻小子不识"兔"字
　　——免了
傻小子不识货
　　——挑大的摸
傻小子看画
　　——一张一个样
傻小子拉大耙
　　——老泥鳅开沟九十拋

傻小子爬墙头
　　——四下无门
傻小子擗高粱叶
　　——一个不留
傻小子睡凉炕
　　——全凭火力壮
傻子赶庙会
　　——东张西望
傻子过年
　　——看人家
傻子中状元
　　——难得

shai

筛眼里的米
　　——不上不下
筛子里的米粒
　　——无孔不入
筛子盛水
　　——一场空
筛子下的糠皮
　　——没斤两
筛子做锅盖
　　——到处泄气
筛子做门
　　——难遮众人眼目
晒干的爆竹
　　——有火就叫
晒干的蛤蟆
　　——干瞪眼

晒干的黑枣
　　——缩成一团
晒裂的葫芦
　　——开窍了

shan

山顶乘凉
　　——占上风
山顶上打井
　　——枉费力
山顶上的厕所
　　——臭气熏天
山顶上的蘑菇
　　——根子硬
山东的骡子学马叫
　　——南腔北调
山东跑到山西
　　——两岔
山洞里开河
　　——只进不出
山洞里迷了路
　　——摸不清方向
山沟里的狐狸
　　——又馋又狡猾
山沟里的人家
　　——零零散散
山沟里的田鸡
　　——目光短浅
山沟里的杏子
　　——苦人(仁)

山沟里叫喊
　　——有回音
山沟里敲敲
　　——回想(响)
山谷的回声
　　——不平则鸣
山后的蝈蝈
　　——老油子了
山尖上摘月亮
　　——办不到
山里的五步蛇
　　——最毒
山里红包粽子
　　——没找(枣)
山坡上烤火
　　——就地取材(柴)
山雀子相会
　　——叽叽喳喳
山上的石头,田里的莽草
　　——不足为奇
山上钓鱼
　　——财迷
山上滚石头
　　——实(石)打实(石)
山上开梯田
　　——步步高
山上找鱼虾
　　——没影的事
山条编小篮
　　——看看容易做着难
山头上唱歌
　　——调子太高

山头上吹喇叭
　　——名(鸣)声远扬
山头上的草
　　——根子硬
山头上看飞机
　　——高瞻远瞩
山西的胡桃
　　——瞒人(满仁)
山下人挖冬笋
　　——碰巧
山崖上滚鸡蛋
　　——没有一个好的
山羊吃薄荷
　　——不知其味
山羊打架
　　——钩心斗角

山羊额上的肉
　　——没有多少油水
山羊拉屎
　　——稀稀拉拉
山羊拴在竹园里
　　——胡缠
山腰的枯树
　　——七枝八杈
山腰里遭雨
　　——上下为难
山鹰的眼睛
　　——尖锐
山中的瘦虎
　　——雄心在
山中的野猪
　　——嘴巴好厉害
山中无老虎
　　——猴子称大王
杉木做砧板
　　——不顶用
陕西的鞋子
　　——底软
陕西驴子不拽车
　　——不由人愿
扇着扇子聊天
　　——说风凉话
善男信女拜观音
　　——心诚

shang

伤风鼻塞
　　——半通不通
伤风的鼻涕
　　——甩了
商店里的样品
　　——摆设
商人卖布
　　——让话不让钱
上岸的鱼虾
　　——干蹦干跳
上不沾天，下不着地
　　——两头不落实
上朝不带奏折
　　——忘本
上等轮胎
　　——有气难出
上等牙刷
　　——一毛不拔
上坟不带烧纸
　　——惹祖宗生气
上坟的羊
　　——豁出去啦
上供的馒头
　　——五个一沓儿
上鸡窝摔跟头
　　——笨(奔)蛋
上轿穿耳朵
　　——临时忙

258

上炕不点灯
　　——瞎摸
上茅坑带铲刀
　　——作死(斫屎)
上梁请铁匠
　　——找错人了
上了套的猴子
　　——由人玩耍
上了套的牲口
　　——听喝的
上了弦的箭
　　——一触即发
上楼梯吃甘蔗
　　——步步高,节节甜
上满发条的钟表
　　——分秒不息
上山采竹笋
　　——拔尖
上山打柴,过河脱鞋
　　——到哪里说哪里话
上山砍柴,下山买柴烧
　　——多一道手续
上山人背毛竹
　　——顾前不顾后
上市的猪
　　——捆上了
上树逮麻雀
　　——连窝端
上梯子摘星星
　　——够不着
上天摘星星
　　——异想天开

上天摘月亮
　　——痴心妄想
上吐下泻
　　——两头儿忙
上午栽树,下午乘凉
　　——哪有这么快
上午栽树,下午取材
　　——心太急
上锈的铁锅
　　——打不开
上阵相杀
　　——怕不得
上嘴唇贴天,下嘴唇贴地
　　——好大的口
绱鞋子不用锥子
　　——真(针)好

shao

烧饼铺的耗子
　　——次(吃)货
烧饼铺的灶王爷
　　——独坐
烧干的锅炉
　　——气炸了
烧红的锅里添凉水
　　——炸了
烧黄青菜煮焦饭
　　——过火
烧火剥葱
　　——各管一工

烧火棍打驴
——剩下半截
烧火棍量白布
——抹黑
烧火棍子当枪
——打不响
烧火的棍子
——一头热
烧焦了的米饭
——凑合着吃
烧金簪子
——两头忙(芒)
烧酒医毛病
——最(醉)好
烧香不磕头
——未尽心意
烧香赶出和尚
——喧宾夺主
烧香碰到佛
——立时显灵

烧香望和尚
——顺便
烧窑的盖砖房
——方便
艄公不摇橹
——耽误一船人
勺柄扣秤砣
——砸锅
少吃咸鱼少口干
——多一事不如少一事
少林寺的和尚
——全(拳)是好的
少时衣裳老来穿
——过时货

she

舌头打滚
——含糊其辞
舌头没根
——跟着嘴转
舌头没骨头
——愿怎么说就怎么说
舌头绕到牛桩上
——胡缠
舌头上长了酸枣树
——说话带刺
舌头上抹香油
——圆滑
舌头伸到杯子里
——不着底

舌头伸到人家嘴里
——帮腔
舌头舔鼻子
——差了一段
舌头着了凉
——含蓄(寒虚)点
佘太君挂帅
——马到成功
蛇缠葫芦
——假充龙戏珠
蛇吃黄鳝
——比长短
蛇吃老鼠
——囫囵吞
蛇公说话
——虚(须)着哩
蛇和蝎子交朋友
——毒上加毒
蛇进竹筒
——自寻死路
蛇跑兔子窜
——各有各的打算
蛇入曲洞
——退路难
蛇头上的苍蝇
——自来的食
蛇吞扁担
——直脖啦
蛇吞鼠,鹰叼蛇
——一物降一物
蛇吞蝎子
——以毒攻毒

蛇遭蝎子蜇
——一个更比一个毒
蛇钻窟窿
——顾前不顾后
舍得麻油煎豆腐
——下了大本钱
舍命吃河豚
——不值得
舍身崖边摘牡丹
——贪花不怕死
射箭没靶子
——无的放矢

shen

申公豹的脑袋
——反着看
申公豹的眼睛
——朝后看
伸着嘴巴找笼头
——自己上了套
身上拔汗毛
——无伤大体
身上背筛子
——浑身是窟窿
深山里的坟堆
——久慕(墓)
深山里的小庙
——冷冷清清
深山里敲钟
——名(鸣)声在外

神龛上截窟窿
　　——妙(庙)透了
神仙的茅坑
　　——没有份(粪)
神仙女下凡间
　　——天配良缘
神像拍胸口
　　——没心肝
神主头上使剪刀
　　——羞(修)先人

sheng

生成的骨头长就的肉
　　——定了
生成的鹰毛长成的痣
　　——改不了
生成的相,做成的酱
　　——变不了

生虫的拐杖
　　——靠不住
生孩子被狼叼去
　　——没有一个经心的人

生孩子不叫生孩子
　　——吓(下)人
生花生
　　——非吵(炒)不可
生姜
　　——老的辣
生姜脱不了辣气
　　——本性难移
生就的驼子
　　——直不了
生了个孩子没有气
　　——吓(下)死人
生米煮成锅巴和稀饭
　　——同胞不同生
生米煮熟饭
　　——改不过来
生弃娃娃妻
　　——忘了旧情
生气踢石头
　　——痛的是自己的脚
生铁换豆腐
　　——吃软不吃硬
生铁进了铁匠炉
　　——挨锤的货
生铁犁头
　　——宁折不弯
生吞螃蟹
　　——爬肚肠
生吞蜈蚣
　　——百爪挠心
生锈的剪刀
　　——掰不开

牲口不上膝
　　——料不到
绳子拴石头
　　——穷得丁当响
圣人肚,杂货铺
　　——难不住
圣人喝盐卤
　　——明白人办糊涂事
圣人面前卖文章
　　——自不量力
圣人上树
　　——趾高气扬
圣人遭雷击
　　——好心不得好报
圣徒进教堂
　　——多划十字少说话
剩下九十九个
　　——百里挑一

shi

失舵的轮船
　　——把握不住方向
失魂的鱼
　　——乱闯乱碰
失火唱山歌
　　——幸灾乐祸
失火处说好看
　　——不识时务
失火钻床下
　　——只顾一时

失灵的汽车
　　——横冲直撞
失群的大雁
　　——孤孤单单
失头蚂蚱打喷嚏
　　——满口青草气
师傅当丈人
　　——亲上加亲
师姑堂里晾尿布
　　——阴干
师字去了横
　　——真帅
虱子躲在皮袄里
　　——有住场无吃场
狮子吃蚊子
　　——白费劲
狮子尾巴摇铜铃
　　——热闹在后头
湿水棉花
　　——无法谈(弹)
湿手捏了干面粉
　　——粘缠极了
湿手抓面粉
　　——甩也甩不掉
湿水的大鼓
　　——不想(响)
十八般武艺全使出来
　　——大显身手
十八口唢呐齐奏
　　——全吹了
十八口子乱当家
　　——各自为政

十步九回头
——难舍难分
十冬腊月的萝卜
——动(冻)了心
十二点钟的太阳
——到自己头上了
十二个时辰占三个字
——身(申)子虚(戌)
十二寡妇征西
——全家都上
十二两八钱
——小秤
十二三岁当家
——啥事不懂
十二岁出嫁
——活作孽
十二月的蛇
——打一打,动一动
十二月逛公园
——坐冷板凳
十二月里吃棒冰
——顿时凉了半截
十二月里穿绸衣
——怪不得他有
十二月里讲话
——冷言冷语
十二月里说梦话
——夜长梦多
十二月门神
——一个向东,一个向西
十二月树上的柚子
——一碰就落

十个手指头按跳蚤
——一个也捉不住
十个铜板少一文
——久闻(九文)
十个团鱼跑一个
——久别(九鳖)
十个小孩摆四处
——三三两两
十个指头搔痒
——两手抓
十个指头做事
——同心协力
十亩地一棵苗
——缺物
十亩园里一棵树
——独苗
十年无战事
——安居乐业
十三陵的石人
——站惯了的
十三陵的石人张大嘴
——没话
十五的月光
——大量(亮)
十五个饿汉抢猪头
——争嘴了
十五个聋子问路
——七喊八叫
十五个瘤子拜年
——七高八低
十五个人聊天
——七嘴八舌

十五个人爬楼梯
　　——七高八低
十五个驼子睡一床
　　——七凸八翘
十五个小孩打闹
　　——七哭八笑
十五个珠子断了线
　　——七零八落
十五根秫秸当标杆
　　——七长八短
十五块布做衣服
　　——七拼八凑
十五样盆菜放两处
　　——七荤八素
十五张画贴一块
　　——七拼八凑
十五只吊桶打水
　　——七上八下
十五只小船出海
　　——七颠八倒
十一只鞋子打补丁
　　——分不出五阴六阳
十月的芥菜
　　——齐心
十月间的桑叶
　　——无人睬(采)
十盏明灯熄五盏
　　——半明半不明
十指头生疮
　　——毒手
十字街上贴告示
　　——众所周知

十字街头遇亲人
　　——巧相逢
十字路口敲锣
　　——四方闻名(鸣)
十字路口摔跟头
　　——分不清东南西北
石板地上插杨柳
　　——难生根
石板上的泥鳅
　　——钻不进
石板上的鱼
　　——任人宰割
石板上跑马
　　——不留痕迹
石板上耍瓷坛
　　——硬功夫
石板上栽花
　　——靠不住
石板上种瓜
　　——难发芽
石板下的蛆
　　——钻不出
石缝里塞棉花
　　——软硬兼施
石敢当砌街
　　——这是正路
石商做冰糕
　　——顽固不化
石碾压核桃
　　——粉身碎骨
石碾点灯
　　——照常(场)

石碌子脑袋
——不开窍

石猴坐天下
——毛手毛脚

石灰布袋
——到处有迹

石灰厂开张
——白手起家

石灰店里买眼药
——走错门道

石灰窑里安电灯
——明明白白

石灰窑里过路
——一身洁白

石匠的钢钎
——挨敲的货

石匠使拳头
——硬充能耐

石臼放鸡蛋
——稳稳当当

石臼里舂夜叉
——捣鬼

石臼里舂线团
——捣乱

石臼里装阎罗
——捣鬼

石臼子砌烟囱
——不会成功

石臼做帽子
——顶当不起

石榴开花
——老来红

石榴里的籽儿
——挤得紧紧的

石棉树上挂醋瓶
——又酸又涩

石卵子拌豆腐
——软硬不调和

石马塞进车辕里
——生搬硬套

石磨磨铁豆
——难上加难

石灰堆里起火
——白着

石灰浆写文章
——尽写白字

石灰铺路
——白走

石灰水刷标语
——尽写别(白)字

石菩萨的眼睛
——有眼无珠
石狮子的鼻子
——难开窍
石狮子的五脏
——实（石）心肠
石狮子的眼睛
——动不得
石狮子灌汤
——滴水不进
石狮子屁股
——没门
石狮子跳舞
——耍不起来
石头打的锁
——有心没眼
石头打汤
——油盐不进
石头蛋子生病
——不可救药
石头蛋子腌咸菜
——一言（盐）难尽（进）
石头钉钉子
——硬对硬
石头缝里长青藤
——两头受挤
石头缝里长竹笋
——憋出来的
石头缝里逮螃蟹
——十拿九稳
石头缝里的山药
——两头受大

石头缝里寻草籽儿
——闲得没事干
石头脑瓜子
——难开窍
石头碰着老鸦嘴
——硬斗硬
石头砌墙
——好一面在外头
石头人
——死心眼
石头人嘴里灌米汤
——滴水不进
石头上甩乌龟
——硬碰硬
石头上跳绳
——硬蹦
石头上绣花
——难起头
石头上栽葱
——劳而无功
石头上栽花
——赔本的买卖
石头锁
——没法开
石头往山上背
——凑多
石头子孵小鸡
——一成不变
石头做的心
——无情无义
石秀进祝家庄
——走了不少冤枉路

歇后语大全

石柱子戴草帽
　　——凑人头
石乌龟喝水
　　——口不应肚
时迁偷鸡
　　——不打自招
实心饺子
　　——不掺假
实心竹子做笛子
　　——吹不响
拾粪的敲门
　　——找死(屎)
拾鸡毛扎掸子
　　——凑数
拾下麦子卖烧饼
　　——干赚
拾芝麻凑斗
　　——积少成多
拾着鸡毛当令箭
　　——少见多怪
食紧弄破碗
　　——欲速则不达
食堂的菜锅
　　——油透了
使牛去追马
　　——徒劳
屎缸旁边吃月饼
　　——难为你开口
屎壳郎搬家
　　——走一路,臭一路
屎壳郎变知了
　　——一步登天

屎壳郎吃大蛆
　　——臭味相投
屎壳郎出国
　　——臭名远扬
屎壳郎打呵欠
　　——一张臭嘴
屎壳郎打喷嚏
　　——满嘴臭气
屎壳郎戴花
　　——臭美
屎壳郎戴铃铛
　　——叮当不起来
屎壳郎戴面具
　　——臭不要脸
屎壳郎掉蒜臼
　　——装蒜
屎壳郎掉在阴沟里
　　——顺水流
屎壳郎放屁
　　——不值一文(闻)
屎壳郎跟着蝙蝠飞
　　——早晚要碰壁
屎壳郎滚粪蛋
　　——好手艺
屎壳郎叫门
　　——臭到家了
屎壳郎进珠宝店
　　——臭宝贝
屎壳郎拉的稀
　　——又黑又瘦
屎壳郎抹口红
　　——冒充佳人

屎壳郎捏喇叭
　　——臭吹
屎壳郎爬鞭梢
　　——光知道腾云驾雾,不知道
　　死在眼前
屎壳郎爬到虎头上
　　——吓唬人

屎壳郎爬粪门
　　——找对了
屎壳郎爬碾道
　　——自充大黑驴
屎壳郎爬树
　　——玄乎
屎壳郎撒欢
　　——扬兴一时

屎壳郎上饭桌
　　——讨厌
屎壳郎说书
　　——满嘴臭屁
屎壳郎踢飞脚
　　——想露你的黑腿了
屎壳郎推车
　　——滚蛋
屎壳郎下油锅
　　——麻了爪
屎壳郎遇到放屁的
　　——空喜欢一场
屎壳郎支桌子
　　——充硬汉
屎壳郎坐飞机
　　——臭气熏天
屎坑里的砖头
　　——又臭又硬
士兵搭帐篷
　　——安营扎寨
事急马行田
　　——乱走

shou

收割了的庄稼地
　　——一溜净光
收了卦签
　　——不算了
收音机里唱戏
　　——听到声音瞧不见人

手插进鱼篮里
——避不了腥气
手打鼻子
——眼前过
手电筒没灯泡
——有眼无珠
手里的泥丸
——要圆就圆,要扁就扁
手里提个秃镐头
——没把握
手里握着个麻雀
——紧了怕捏死,松了怕飞掉
手榴弹冒烟
——近不得身
手拿刀把子
——有把柄可抓
手拿鸡蛋走滑路
——特别小心
手拿谜语猜不出
——执迷(谜)不悟
手捧鸡蛋过河
——小心过度(渡)
手像蒲扇,脚像钉耙
——大手大脚
手心里搭舞台
——捧场
手心里的虱子
——明摆着
手心里的小虫
——随人捏
手掌里搁火炭
——受不了

手掌心放烙铁
——自作自受
手抓刺猬
——又刺又痛
守公鸡下蛋
——白搭工
寿桃上插松枝
——是个生日
寿星唱曲子
——老调
寿星出点子
——老主意
寿星打靶
——老腔(枪)
寿星弹琵琶
——老生常谈(弹)
寿星的棉袄
——老套子
寿星吊颈
——厌长命
寿星放屁
——老气
寿星老儿跌筋斗
——老得发昏
寿星老遇上五方道神
——你不说我长,我不说你短
寿星卖了张果老
——倚老卖老
寿星娶小
——人老心不老
受禅台上司马炎废魏王
——袭用老谱

受潮的麻花
　　——不干脆
受冻的毒蛇
　　——将(僵)住了
受惊的麻雀
　　——胆子小
瘦驴拉硬屎
　　——瞎逞能
瘦子光膀子
　　——露骨

shu

书生赶牛
　　——慢慢来
书桌上的笔筒
　　——粗中有细
梳头姑娘吃火腿
　　——游(油)手好闲(咸)
舒服他娘哭半夜
　　——舒服死啦
秫秸秆做柱子
　　——顶不住
秫秸秆当门柱
　　——经不起推敲
熟透的藕
　　——心眼多
熟透的苹果
　　——红得发紫
黍米做黄酒
　　——后劲大

暑天下大雪
　　——少有
属阿斗的
　　——扶不起来
属刺猬的
　　——谁碰扎谁手
属疯狗的
　　——见人就咬
属狗的
　　——老爱咬人
属耗子的
　　——出门儿就忘
属猴儿的
　　——见圈就钻
属黄花鱼的
　　——一来就溜边儿

属老鼠的
　　——能吃不能拿
属骡子的
　　——空前绝后
属麻花的
　　——拧着劲儿
属马蜂的
　　——不好惹
属蚂蚁的
　　——见缝就钻
属猫头鹰的
　　——夜里欢
属送子奶奶的
　　——两个脸
属兔子的
　　——一蹦三尺高
属蟹的
　　——肚里有货
属鸭子的
　　——嘴硬心热
属烟袋锅的
　　——一头热乎
属芝麻的
　　——不打不出油
属猪的
　　——吃肉的货
属竹子的
　　——心虚
属核桃的
　　——非得用棒槌
属黑瞎子的
　　——光认吃

属黄花鱼的
　　——一来就溜
属蜡烛的
　　——不点不亮
属老母猪的
　　——吃饱了就知睡觉
属老鼠的
　　——爱偷
属漏斗的
　　——填不满
属吕布的
　　——有勇无谋
属罗成的
　　——不服小
属玫瑰的
　　——刺儿不少
属木匠的
　　——会砍
属暖水瓶的
　　——外冷里热
属螃蟹的
　　——到处横行
属炮筒子的
　　——直来直去
属皮球的
　　——踢来踢去
属秦椒的
　　——越老越红
属蛇的
　　——张嘴就放毒
属水牛的
　　——离不开家

272

属算盘珠的
　　——不拨不动
属唐僧的
　　——是非不清
属兔子的
　　——胆子小
属王八的
　　——一会儿不打就伸头
属蚊子的
　　——专吸气血
属喜鹊的
　　——好登高枝
属鸭子的
　　——填不饱肚子
属牙膏的
　　——受人排挤
属夜猫子的
　　——穷叫唤
属灶王爷的
　　——谁家锅台都上
属张飞的
　　——粗中有细
属芝麻的
　　——不打不出油
属猪八戒的
　　——好吃懒做
属猪爪的
　　——朝里弯
树倒猢狲散
　　——各奔前程
树倒了
　　——没印（荫）

树林里放风筝
　　——绕住了
树林里耍大刀
　　——拉不开场子
树上的百灵鸟
　　——说的比唱的好听
树上的叶子
　　——冷落
树上架梯摘月亮
　　——够不着
树梢上吹喇叭
　　——趾（枝）高气扬
树小荫凉少
　　——照应（映）不到
树叶落到河里头
　　——随波逐流
树枝上挂团鱼
　　——四脚无靠
树枝丫盖房
　　——不是正经材料
树桩上的鸟儿
　　——早晚要飞
竖起大拇指当扇子
　　——自夸

shua

刷带疙瘩配马勺
　　——挺合适
刷子掉了毛
　　——有板有眼

歇后语大全

273

耍大刀的唱小生
　　　——改行
耍皮影的遇路劫
　　　——丢人
耍皮影子(皮影戏)的
　　　——尽捉弄人
耍戏法的敲锣
　　　——要变了

shuai

摔倒五味瓶
　　　——甜酸苦辣都尝到
摔破的瓷盘子
　　　——对不到一块儿
摔破的镜子
　　　——不能重圆
甩出去的手榴弹
　　　——大发雷火
甩了西瓜捡芝麻
　　　——避重就轻

shuan

拴驴找个棉花垛
　　　——窝囊废

shuang

双胞胎比长相
　　　——一模一样
双胞胎睡懒觉
　　　——对不起
双车吃士
　　　——硬将军
双锤落敲
　　　——一个音
双黄蛋
　　　——两个心
双脚踏双船
　　　——犹豫不决
双脚踏在门槛上
　　　——不进不出
双色圆珠笔
　　　——有二心
双手拍蚂蚱
　　　——一下当两下
双手捧寿桃
　　　——有理(礼)
双手抓刺猬
　　　——扔不了
霜打的高粱苗
　　　——抬不起头来
霜打的黄瓜
　　　——蔫了
霜打的嫩苗
　　　——奄奄一息

霜打的棉籽儿
——不懒(烂)
霜后的大葱
——不死心

shui

水边盖横房
——首当其冲
水边砍倒树
——没处藏身
水兵的汗衫
——道道多
水泊梁山的兄弟
——越打越亲热
水道眼贴对子
——门头不高

水滴石板穿,绳锯木头断
——日久见功夫
水底捞月,天上摘星
——想到做不到
水底下推船
——卖力看不到,成功不叫好
水豆腐
——不堪一击
水缸里的鱼
——跑不了
水缸里抓王八
——手到擒来
水缸里装酒
——混为一谈(坛)
水沟里放木排
——难回头
水牯牛走进象群里
——比比还是小兄弟
水罐里的王八
——瞎碰
水鬼插秧
——怪哉(栽)
水壶里翻跟头
——胡(壶)闹
水壶里扔秤砣
——砸啦
水壶里煮饺子
——肚里有货倒不出
水漫菩萨
——一摊泥
水井放糖精
——甜头大家尝

水里的蛤蟆
　　——一鼓作气
水里的葫芦
　　——两边摆
水里的泥鳅
　　——滑得很
水里的鸳鸯
　　——难分难舍
水龙头不关
　　——自流
水面打一棒
　　——无伤痕
水面上的浮萍
　　——不扎根
水面上的油花
　　——漂浮
水面上浮秤砣
　　——不可能
水面上砍刀
　　——损伤不了
水面上看人
　　——看倒了
水泥柱里的钢筋
　　——暗里使劲
水牛背上挂树叶
　　——轻而易举
水牛吃活蟹
　　——有劲使不上
水牛打架
　　——钩心斗角
水牛掉在井里
　　——有力没处使

水牛肚子
　　——草包
水牛过河
　　——露头角
水牛角黄牛角
　　——各(角)管各(角)
水牛角
　　——难治(直)
水牛身上拔根毛
　　——毫不在乎
水牛食荸荠
　　——不知其味
水泡豆腐渣
　　——轻松
水泡豆子
　　——自大
水瓢上记账
　　——一概抹销
水上的油花
　　——轻浮
水獭上山
　　——装熊
水獭找泥鳅
　　——一个刁,一个滑
水塘里的泥鳅
　　——光溜溜
水塘里挖藕
　　——心眼多
水桶当喇叭
　　——大吹
水桶里扎猛子
　　——回不过头

水桶缺了把
——不成体统(提桶)
水推龙王走
——自顾不暇
水推菩萨
——绝妙(庙)
水瓮里的鳖
——走不了
水仙不开花
——装蒜
水烟筒灌铅子
——拐弯抹角
水银泻地
——无孔不入
水中荡葫芦
——两边摆
水中捞月
——白费劲
水中投石
——试深浅
水煮石头
——难熬
睡觉不枕枕头
——空头空脑
睡梦打五更
——一无所知
睡梦里逮鸟
——空扑一场
睡梦娶媳妇
——痛快一时
睡歪了枕头
——想偏心了

睡鞋
——底儿软

shun

顺得姑来失嫂意
——难得两全
顺风不见风
——富贵不知享
顺风扯篷
——正及时
顺风撑船
——不费力
顺风顺水船不动
——不对头
顺沟摸鱼
——没有跑的
顺脚印走路
——步人后尘
顺坡推碌碡
——滚得快
顺水划船
——又快又省
顺梢吃甘蔗
——一节比一节甜
顺手牵羊
——趁机行事
顺藤摸瓜
——十拿九稳
顺腿搓绳
——便当

顺着驴道找驴脚蹬
　　　——没那么容易
顺着梯子下矿井
　　　——步步深入

shuo

说出的话牛都踩不烂
　　　——硬邦邦的
说牛马下蛋
　　　——笑话连篇
说起风便扯帆
　　　——说干就干
说书的唱大鼓
　　　——冒牌货
说书人刹板
　　　——且听下回分说
说真方卖假药
　　　——到底还是假

si

丝瓜筋打老婆
　　　——装腔作势
丝瓜烧豆腐
　　　——清清(青青)白白
丝瓜藤牵在桃树上
　　　——专靠巴结人(仁)
丝线缠麻线
　　　——越缠越乱
丝线穿珍珠
　　　——串起来了
司号兼打鼓
　　　——自吹自擂
司令上树
　　　——趾(枝)高气扬
司马夸诸葛
　　　——甘拜下风
司马懿破八卦阵
　　　——不懂装懂
司马懿父子行军
　　　——你要走,我要退
司马昭之心
　　　——路人皆知
撕衣衫补长裤
　　　——于事无补
死得不明不白
　　　——糊涂鬼
死胡同里截驴
　　　——看你往哪里跑

死胡同逮猫
　　——没跑
死胡同
　　——又回来了
死了的鱼
　　——不张嘴
死了耗子猫来哭
　　——假慈悲
死了三年的老鹤
　　——光剩嘴
死了丈夫没了儿
　　——孤家寡人
死人穿新鞋
　　——白糟蹋(踏)
死人的眼睛
　　——无神
死人堆里的老鼠
　　——眼红
死人脸上挨耳光
　　——死不要脸
死人拍马屁
　　——讨好鬼
死人托梦
　　——阴魂不散
死人眼睛
　　——定了
死水上的破船
　　——沉默(没)了
死诸葛吓走活仲达
　　——生不如死
死猪不怕开水烫
　　——豁出去了

死罪逢恩诏
　　——喜出望外
四川的担担面
　　——又麻又辣
四寸高的人耍三寸长的笔
　　——小人要写大文章
四大金刚弹琵琶
　　——不谈(弹)也得谈(弹)
四大金刚腾空
　　——不着实地
四大天王丢盔卸甲
　　——大败而逃
四方萝卜
　　——愣头青
四个鼻孔烂了仨
　　——留下一个出气
四海龙王动刀兵
　　——里里外外都是水
四金刚吃豆芽菜
　　——不经一嚼
四金刚跑进跑出
　　——大来大往
四金刚扫地
　　——有劳大驾
四棱子的元宵
　　——不是玩(丸)的
四棱子鸡蛋
　　——没处寻
四两豆腐半斤盐
　　——贤惠(咸烩)
四两棉花八张弓
　　——细谈(弹)

四两棉花
　　——谈(弹)不上
四两棉花一张弓
　　——从何谈(弹)起
四两人讲半斤话
　　——自不量力
四面脑勺子
　　——没脸
四十里地不换肩
　　——抬杠的好手

song

松了腰带抬石头
　　——没劲
松鼠的尾巴
　　——翘得高
宋江的绰号
　　——及时雨

四月的冰河
　　——开动(冻)了
四月的果园
　　——有理(李)有姓(杏)
四月里的梅子
　　——多少带点亲(青)
四月里挖地
　　——触霉(麦)头

宋太祖陈桥兵变
　　——取而代之
送上门的生意
　　——没有好货
送亲家接媳妇
　　——两头不误
送灶王爷归天
　　——多说好话
送猪肉上砧板
　　——上门挨刀

su

苏三上堂
——句句是实话

苏州的蛤蟆
——难缠(南蟾)

苏州买,扬州卖
——不为赚钱为图快

苏州人卖豆腐
——完

苏州音唱京戏
——软腔硬调

苏州的麻绳
——不打紧

suan

酸枣眼
——青红不分

蒜臼缸子喝茶
——不对味儿

蒜苗做拐杖
——混账(杖)

蒜薹子炒豆渣
——光棍落难(烂)

蒜薹子炒豌豆
——光棍遇到滚子客

算盘子进位
——以一当十

sui

随口唱山歌
——心中早有谱

sun

孙膑吃狗屎
——装疯卖傻

孙大圣听了紧箍咒
——头痛

孙二娘开店
——进不得

孙猴子穿汗衣
——半截不像人

孙猴子的屁股
——坐不住

孙猴子斗牛魔王
——打你个牛角朝天

孙猴子上了花果山
——称心如意

孙猴子守桃园
——自食其果

孙猴子着了急
——抓耳挠腮

孙猴子钻进牛魔王肚里
——心腹大患

孙猴子坐金銮殿
——不像仁(人)君

孙猴子坐天下
——有点不像
孙女穿姐姐鞋
——老样子
孙权定下招亲计
——赔了夫人又折兵
孙权杀关公
——嫁祸于人
孙权招妹夫
——弄假成真
孙武用兵
——以一当十
孙悟空变土地庙
——尾巴难藏
孙悟空打筋斗
——十万八千里
孙悟空大闹天宫
——慌了神
孙悟空戴上紧箍
——有法无用
孙悟空当齐天大圣
——自尊自大
孙悟空的金箍棒
——随心如意
孙悟空放屁
——猴里猴气
孙悟空封了弼马温
——不管官大官小
孙悟空关进老君炉
——三魂冒火，七窍生烟
孙悟空借火扇
——一物降一物

孙悟空进鸡窝
——猴捣（盗）蛋
孙悟空进了八卦炉
——炼结实了
孙悟空碰着如来佛
——无法
孙悟空跳出老君炉
——捂不住
孙悟空西天取经
——大显神威
孙悟空制服铁扇公主
——钻心战术
孙行者上天
——忘了自己从哪块石头里蹦出来的
孙行者钻进铁扇公主肚里
——心腹之患
孙子穿爷爷的皮袄
——充老相
孙子打爷
——犯上作乱
隼鸟打猎
——帮凶
笋壳套牛角
——再适合没有了
笋子脱壳
——层层剥

suo

唆人跳海
　　——硬往死里逼
梭引红线穿绿线
　　——经纬分明

梭子不挂线
　　——空来往
梭子顶头
　　——尖对尖
唢呐吹出笛子调
　　——想(响)的不一样
锁子看门
　　——家中无人

T

ta

他念他的经，我拜我的佛
——互不干扰
踏破的皮球
——一肚子气

tai

太阳离了地皮
——亮啦
太武帝的口味
——不凉不热，不软不硬
太岁头上的土
——动不得
太阳和月亮讲话
——空谈
太阳落在脑袋上
——大难临头
太师椅着了火
——坐也难，站也难
太岁头上动土
——惹祸上身
太阳底下点灯
——多余
太湖的虾子
——白忙（芒）
太阳底下的露水
——不长久
太极拳的功夫
——软中有硬
太行山上看运河
——远水不解近渴

tan

瘫子掉进烂泥塘
——不能自拔
瘫子掉井里
——捞起也是坐

瘫子捉坏蛋
　　——靠不住
瘫子截路
　　——坐着喊
瘫子不出门
　　——作(坐)家
瘫子挑水
　　——担当不起

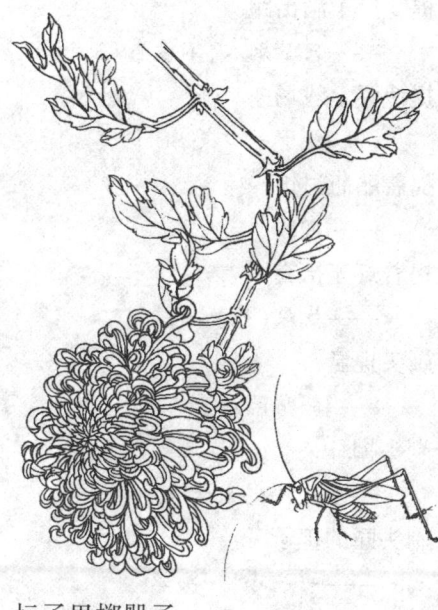

坛子里掷骰子
　　——没跑
坛子里点灯
　　——照里不照外
坛子里喂猪
　　——一个一个地来
坛子里养王八
　　——包活不包长
坛子里养兔子
　　——越养越小

坛子里抓辣豆瓣
　　——辣手
坛子里种豆子
　　——扎不下根
坛子里捉乌龟
　　——手到擒来
谈心不点灯
　　——说黑话
昙花开放
　　——一时谢
弹棉花的戴乌纱帽
　　——硬装有功(弓)之臣

tang

唐三藏过火焰山
　　——没咒念
唐三藏撞见牛魔王
　　——舌头短截
唐三藏读佛经
　　——出口成章
唐伯虎进宁王府
　　——装疯卖傻
唐僧取经
　　——一心一意
唐僧念书
　　——一本正经
唐僧相信白骨精
　　——人妖不分
唐伯虎追秋香
　　——千方百计

堂屋里挂粪桶
——臭名在外

棠梨不叫棠梨
——杜梨(肚里)

糖面做娃娃
——甜人儿

糖捏的人
——一吹就化

堂屋里打酒厨房卖
——便宜不出外

堂屋里挂兽皮
——不像话(画)

堂屋里挂狗皮
——那是什么话(画)

螳臂当车
——不自量

螳螂落锅
——全身都酥了

螳螂肚子蛤蟆嘴
——瞧你的样

躺着说话
——不怕腰疼

烫手的粥盘
——扔了心疼,不扔手疼

烫了屁股的猴子
——急红了眼

tao

套马杆子逮兔子
——瞎胡闹

套上大车让老虎驾辕
——没有人敢(赶)

ti

提着粪杓打猫哩
——没枪(腔)

提着尺子满街跑
——只量别人,不量自己

提傀儡上戏场
——缺少一口气儿

提着醋瓶讨饭
——穷酸

提着灯笼拾粪
——找屎(死)来了

剃头捉虱
——一举两得

剃头掏耳朵
——收拾得干干净净

剃头匠的担子
——一头冷,一头热

剃头先洗脚
——差了一人高

剃头的收摊
——没头了

剃头的关门
——不理

剃头的刀布
——要多脏,有多脏

剃头洗脚面
——从头错到底

剃头刀裁纸
　　　——真快
剃头刀杀猪
　　　——割出来刮
剃胡子不用水
　　　——干刮
剃头匠使缝子
　　　——一个师傅一外传法
剃头匠说气话
　　　——舍得几个脑壳不要
剃头担子
　　　——一厢情愿
剃头的拍马掌
　　　——完事
剃头的头发长
　　　——越是自己的活,越顾不上

tian

天上的风筝
　　　——一根线在人家手里
天灵盖上长眼睛
　　　——目中无人
天上彩云
　　　——看得见摸不着
天上的彩虹
　　　——可望而不可即
天上架桥
　　　——想到办不到
天卜落豆漕
　　　——该猪吃
天下馒头
　　　——还得张嘴
天生的牛性
　　　——古怪
天平上乱加码子
　　　——不公平
天冷偏烤湿柴禾
　　　——对着吹吧
天桥的把式
　　　——光说不练
天牌压地牌
　　　——以上压下
天生的黄鳝
　　　——成不了龙

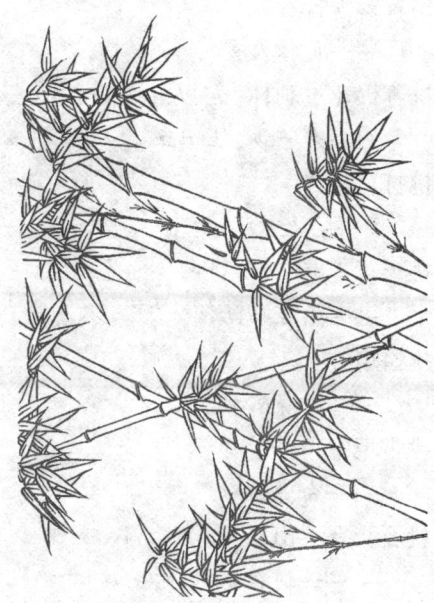

田字倒着写
　　　——上下一个样
田埂上修猪圈
　　　——肥水不落外人田

田坎上种豆子
——一路

tiao

挑担子吃瓜子
——走着嗑
挑担子卖豆腐
——本钱小,架子大
挑担的松腰带
——没劲儿
挑着扁担进门
——横祸(货)
挑着磨盘背着碾
——负担太重
挑着棉花过刺林
——走一步,挂一点
挑打草走路
——担空心
挑煤草走路
——干轻巧活
挑雪填井
——枉费心机
挑雪填井
——白费力
挑石头登泰山
——谈何容易
挑柴进山
——多余
挑水的娶了个卖茶的
——正相配

跳下黄河
——洗不清
跳蚤变龙钟
——冒牌货
跳蚤性子
——见肉就叮
跳蚤戴串铃
——装什么大牲口
跳河闭眼睛
——横了心肠

tie

铁锤打纸鼓
——不堪一击
铁路上的枕木
——经压
铁打的耕牛
——动不得力(犁)
铁拐李的脚杆子
——高低不平
铁拐李葫芦里的药
——医不好自己的病
铁匠铺的买卖
——件件都是硬货
铁匠夸徒弟
——打得好
铁匠的儿子
——就知道打打打
铁树开花,哑巴说话
——难遇

tong

通州集
——常事(市)
同床异梦
——各有一心
同床异梦
——想不到一块
铜铃打鼓
——另有音
铜墙铁壁
——坚不可摧
童养媳当婆婆
——慢慢熬
童养媳哭老公
——说不出的苦
童养媳侍候公婆
——小心在意

tou

偷嘴的狗
——见人就逃
偷鸡打店主
——一错再错
头上长嘴
——说天话
头上生疮
——顶坏

头上插鸡毛
——算哪一国的王子
头上着火
——不救自危
头上刷糨糊
——糊涂到顶
头上顶灯笼
——自作高明
头发里找粉刺
——吹毛求疵(刺)
头发捻绳子
——合不了股
头发拧绳
——不合股
头发胡子一把抓
——搞不清楚
头发上贴膏药
——毛病
头发丝吊大钟
——千钧一发
头顶上疮,脚底流脓
——坏透了
头顶上生眼睛
——目中无人
头顶磨盘
——不知轻重
头顶上长眼睛
——目空一切
头发丝穿豆腐
——提不起来
头上放坛子
——一定要顶住

头上长痔疮
　　——坏到顶了
头戴凤冠
　　——脸上光彩
头一回挥刀上阵
　　——初试锋芒
投石问路
　　——试试深浅
透过高云看蓝天
　　——目光远大
透过玻璃看物
　　——到底隔了一层

tu

秃尾巴拜山
　　——搞风搞雨
秃子当和尚
　　——不费多的手续
秃子跟着月亮走
　　——沾光
秃子不要说和尚
　　——没了帽子一个样
秃子头上的虱子
　　——明摆着
秃子头上的虱子
　　——藏不住
秃子头上的虱子
　　——有吃的没住的
秃脑袋上扎小辫
　　——几根毛有限

秃舌子老婆
　　——言语多
徒手打老虎
　　——有勇无谋
图书馆搬家
　　——全是输（书）
图画上的金元宝
　　——一钱不值
涂金粉伸长舌
　　——装神弄鬼
屠宰场的猪
　　——任人宰割
土地佬挖黄连根
　　——自找苦吃
土地爷吃蚂蚱
　　——大小是个荤腥
土地爷坐班房
　　——劳（牢）神了
土地公谈恋爱
　　——爽神
土里埋金
　　——有内才（财）
土地爷敲门
　　——来神了
土地庙的横批
　　——有求必应
土地爷洗澡
　　——摊泥
土地爷推大车
　　——出了神力
土地爷洗脸
　　——失（湿）面子

290

土地爷吹笛子
——老腔老调
土地爷剃头
——生刮死刮
土地菩萨坐班房
——劳（牢）神
兔子尾巴
——长大了
兔子跑到磨道里
——冒充大耳朵驴
兔子成精
——比老虎还厉害
兔子的眼睛
——红人（仁）
兔子抱西瓜
——无能为力
兔子进虎穴
——白送死
兔子逼急了
——还会咬人哩
兔子戴夹板
——充大耳朵驴
兔子下儿
——与众不同
兔子见了鹰
——毛了
兔子叫门
——送肉来了
兔子进磨道
——充什么大耳朵驴
兔子拉犁耙
——心有余而力不足

兔子靠腿狼靠牙
——各有各的谋生法
兔子生耗了
——一窝不如一窝
兔子尾巴
——撅着
兔子蹦到车辕上
——充大把式
兔子逗老鹰
——没事找事
兔子坐上虎皮椅
——六神无主
兔子当牛使
——乱套了
兔子驾辕牛打套
——乱套了
兔子构厥子
——没后劲
兔子驾辕
——不合套
兔子吃提糕
——闷口
兔死狐悲
——物伤其类
兔儿爷打架
——散摊子

tui

推小车的爬大坡
——越高难度越大

推车上坡
　　——千万不能松劲
腿肚子搽粉
　　——过分讲究
腿肚子抽筋
　　——寸步难行
腿瘤头歪屁股肿
　　——不是好人

tun

吞了火炭
　　——哑了口
吞不下扁担
　　——横不了心
吞下铁枝
　　——硬着心肠
吞下苍蝇
　　——叫人恶心
吞进了烙铁
　　——一副热心肠
吞了猪胆嚼黄连
　　——接连吃苦头

tuo

脱裤子放屁
　　——多此一举
脱了裤子打老虎
　　——又不要脸又不要命
脱了鳞的黄鱼
　　——一天比一天难过
拖拉机追汽车
　　——望尘莫及
驼子背火球
　　——烧包

W

wa

挖地坑沟找豆包吃
——没出息
挖井碰上自流泉
——正合心意
挖了眼当判官
——瞎到底了
娃娃当司令
——小人得志
娃娃逗妹妹
——嘻嘻哈哈
娃娃看魔术
——莫名其妙
娃娃骑木马
——不进不退
娃娃上街
——哪里热闹到哪里
娃娃玩火
——万万不可

娃娃下棋
——胸无全局
娃娃鱼的嘴
——好吃
娃娃鱼爬上树
——左看右看不是人
娃娃看戏
——欢天喜地
瓦石榴
——看得吃不得
袜子改长裤
——高升

wai

歪脖子挂项链
——不见得美
歪脖子看表
——观点不正
歪脖子说话
——嘴不对心

歪戴帽子歪穿袄
　　——不成体统
歪锅配扁灶
　　——一套配一套
歪头看戏怪台斜
　　——无理取闹
歪嘴吃石榴
　　——尽出歪点子
歪嘴吹灯
　　——满口邪(斜)气
歪嘴吹笛子
　　——对不上眼
歪嘴吹海螺
　　——两将就
歪嘴吹喇叭
　　——一股邪(斜)气
歪嘴戴口罩
　　——看不出毛病
歪嘴当骑兵
　　——马上丢丑
歪嘴和尚吃螺蛳
　　——以歪就歪
歪嘴和尚吹灯
　　——一股邪(斜)气
歪嘴和尚
　　——没正经
歪嘴和尚念经
　　——说不出一句正经话
歪嘴佬吹喇叭
　　——调子不正
歪嘴婆娘跌跤
　　——上错下也错

歪嘴婆婆喝汤
　　——左喝右喝
外公死儿
　　——没救(舅)
外贸商品不合格
　　——难出口
外婆得了个小儿子
　　——有救(舅)了
外甥打阿舅
　　——公事公办
外甥披孝
　　——无救(舅)
外头拾块铺衬,屋里丢件皮袄
　　——得不偿失
外屋里的灶王爷
　　——独座儿

wan

弯刀遇见瓢切菜
　　——正合适
弯腰树
　　——直不起来
晚上赶集
　　——散了
万岁他掉在井里
　　——不敢劳(捞)你的大驾
万岁爷的茅厕
　　——没有你的份(粪)
万丈悬崖上的鲜桃
　　——没人睬(采)

wang

亡羊补牢
　　——为期不晚
王安石画圆圈
　　——留下一个尾巴
王八吃秤砣
　　——铁了心
王八吃西瓜
　　——连滚带爬
王八的屁股
　　——规定(龟腚)
王八肚上插鸡毛
　　——龟(归)心似箭
王八扛叉
　　——自觉有光
王八心肠
　　——直肠直肚
王八咬手指
　　——死不松口
王八作报告
　　——憋(鳖)声憋(鳖)气
王宝钏爱上叫花子
　　——有远见
王道士画符
　　——自己明白
王老道求雨
　　——早晚在今年
王麻子吃核桃
　　——里外出点子

王母娘娘的蟠桃
　　——再好也吃不到
王母娘娘的棒槌石
　　——经过大阵势
王母娘娘伸手
　　——要风得风,要雨得雨
王婆卖瓜
　　——自卖自夸
王七的兄弟
　　——王八
王恺斗石崇
　　——甘拜下风
王小二过年
　　——一年不如一年
王小二敲锣打鼓
　　——穷得丁当响
王佐断臂
　　——留一手
网里的鱼,笼中的鸟
　　——跑不了
望风扑影
　　——一场空
望乡台上看牡丹
　　——做鬼也风流
望远镜看风景
　　——近在眼前

wei

围棋盘内下象棋
　　——不对路数

围着火炉吃西瓜
——心上甜丝丝,身上暖烘烘
围着叫花子逗乐
——拿穷人开心
桅杆上的螺蛳
——靠天吃饭

wen

温火爆牛肉
——慢工夫
温水烩饼子
——皮热心凉
温水烫鸡毛
——难扯
温水煮板栗
——半生不熟
温汤里煮鳖
——不死不活
闻鼻烟蘸唾沫
——假行家
闻着棺材唤儿香
——死到临头
蚊虫遭扇打
——吃了嘴的亏
蚊打哈欠
——口气不小
蚊叮菩萨
——认错了人
蚊子唱小曲儿
——要叮人

蚊子叮鸡蛋
——无缝可钻
蚊子肚里找肝胆
——有意为难
蚊子放屁
——小气
蚊子飞过能认公母
——好眼力
蚊子衔秤砣
——好大的口气
蚊子咬人
——全凭你一张好嘴
蚊子找蜘蛛
——自投罗网

wo

蜗牛的房子
——背在身上
蜗牛赴宴
——不速之客
蜗牛壳里睡觉
——难翻身
蜗牛赛跑
——慢慢爬

wu

乌鸦不叫乌鸦
——太平鸟

乌龟肚子朝天
——动弹不得
乌龟拜年
——规规矩矩(鞠鞠)
乌龟找甲鱼
——一路货色
屋顶上的王八
——上不着天,下不着地

屋漏偏遭连夜雨,船破又遇顶头风
——祸不单行
屋檐边的水
——点滴不离窝
屋檐下躲雨
——不长久
屋檐下挂猪胆
——苦水滴滴

屋檐下的大葱
——根枯叶烂心不死
屋檐下吊石磙
——严(檐)重
屋檐下躲雨
——暂避一时
巫婆下神
——装模作样
蜈蚣吃蝎子
——以毒攻毒
无根的水草
——漂浮不定
无根的浮萍
——成不了栋梁之材
无底洞里灌水
——再多也填不满
无目的放礼炮
——乱哄哄
无病吃药
——自讨苦吃
无眼苍蝇
——瞎碰
伍子胥过昭关
——一夜悉白了头
五尺深的浑水坑子
——看不透
五月天喝凉茶
——美透了
五台山的莽和尚
——横头横脑
五彩公鸡屙屎
——滑稽事(花鸡屎)

五更天下海
———赶潮流
午后的太阳
———光小了
午睡梦游阎王殿
———白日见鬼
武则天登看花楼
———净刺
武则天用过的汤盆
———臊(骚)货
武则天的面首
———不公开
武则天的名字
———日月空
武松看鸭子
———英雄无用武之地

武大郎坐天下
———没人敢保
武大郎上墙头
———上不去,下不来
武大郎开店
———不容大个子
武大郎卖棉花
———人熊货也囊
雾天看远山
———朦朦胧胧
捂着耳朵放炮
———怕听偏听见
捂着屁股过河
———小心过度(渡)
捂着钱包捉贼
———多加一分小心

X

xi

西施坐飞机
　　——美上天了
西天取经
　　——任重道远
西装配拖鞋
　　——不伦不类
西瓜皮擦屁股
　　——没完
西瓜皮打鞋掌
　　——开溜
西瓜甜不甜
　　——看心
西门庆请武大郎
　　——没安好心
洗脸盆里洗澡
　　——扑腾不开
洗脸盆里游泳
　　——水平太低

戏台下掉泪
　　——替古人担忧
戏台上娶亲
　　——欢乐一时说一时
戏台上堵枪眼
　　——死不了人
戏园里挑媳妇
　　——一厢情愿
戏园子门前堆垃圾
　　——煞风景
戏子搽脸蛋
　　——光图表面
戏子的胡须
　　——假的
戏场里头打瞌睡
　　——图热闹
戏台上的父子
　　——没大小
戏台上的夫妻
　　——有名无实
戏台上的官
　　——假不长

戏台上的官
——一晃就散
戏台上的皇帝
——威风不了几时
戏台上的小卒
——走过场
戏院里挂钟
——群众观点
戏台上的刀枪
——全是假的
戏台上的将军
——没几个兵
戏台上的拦头
——叫干啥就干啥
戏台上的喽啰
——轮不到你(我)唱
戏台上的喽啰兵
——多一个少一个无所谓
戏台上的喽啰兵
——只能靠边站
戏台上的小生
——能文能武
戏台上的韦生
——一表斯文
戏台上的公子
——离不开扇子
戏台上的花旦
——要多美有多美
戏台上的媒婆
——妖里妖气
戏台上的钟馗
——不怕鬼

戏台上系人
——不能当真

xia

瞎子救人
——胡扑打
瞎子上街
——摸出来的
瞎子点灯
——白费蜡
瞎子唱花脸
——瞎喊
瞎子吹蜡烛
——胡吹一气
瞎子照镜子
——不知自己是啥样子
瞎子跳舞
——盲目乐观
瞎子跟着娶媳妇的笑
——瞎凑热闹
瞎子拜见丈人
——有眼不识泰山
瞎子买日历
——胡扯
瞎子骑瞎马
——乱撞
瞎子帮忙
——越帮越忙
瞎子理乱麻
——找不着头绪

瞎子开锁
　　——碰对了
瞎子进村
　　——摸不着门
瞎子走路
　　——早晚一个样
瞎子的拐杖
　　——带路人
瞎子走路
　　——不分日夜
瞎子背拐子走
　　——由你指点
瞎子进学堂
　　——不认输（书）

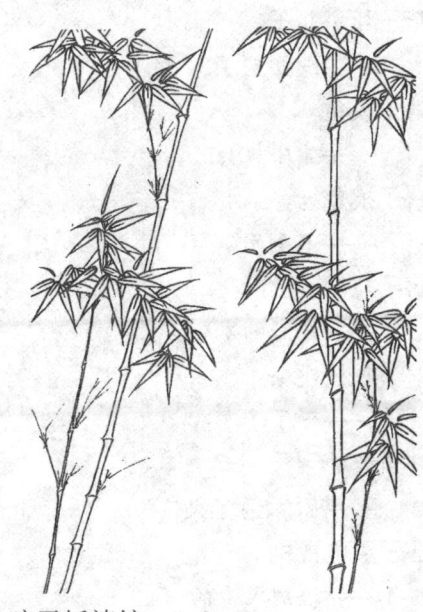

瞎子抓婆娘
　　——死不丢
瞎子拿报
　　——你看

瞎子跳高
　　——凶多吉少
瞎子接亲
　　——难见人
瞎子钓鱼
　　——愿者上钩
瞎子打手电
　　——只照人家，不照自己
瞎子放驴
　　——随它去
瞎子娶老婆
　　——不管美丑
瞎子过索道
　　——提心吊胆
瞎子奔南墙
　　——不碰不回头
瞎子戴眼镜
　　——多余的框框
瞎子摸鱼
　　——碰运气
瞎子干活
　　——靠摸
瞎子打灯笼
　　——白点一支蜡
瞎子打瞌睡
　　——不显眼
瞎子打过独木桥
　　——错路一条
瞎子吃核桃
　　——砸了手
瞎子走路
　　——摸过去算数

瞎子放驴
——砸了手
瞎子拍大腿
——不高兴
瞎子夹豆腐
——不烂搞到烂
瞎子打架
——抓住不放
瞎子哼曲子
——盲目乐观
瞎子上轿
——摸不着门道
瞎子捉鬼
——没影的事
瞎子栽树
——死活不管
瞎牛撞草堆
——碰着就吃
瞎狗逮兔子
——碰到嘴上
瞎姑娘戴眼镜
——多一层比少一层好
瞎娘抱着秃娃娃
——人家不夸自家夸
瞎了眼的癞皮狗
——碰着啥咬啥
瞎子背瘸子
——取长补短
瞎子背拐子走
——各尽其能
瞎子背拐子过河
——两全其美

瞎子背瞎子
——忙(盲)上加忙(盲)
瞎子打架
——揪住不放
瞎子打灯笼
——白费啦(蜡)
瞎子打蚊子
——白费力气
瞎子戴眼镜
——多一层不如少一层
瞎子戴眼镜
——装腔
瞎子上楼梯
——不知道高低
瞎子死了儿子
——没指望了
瞎子摸鱼
——靠碰机会
瞎子摸象
——不全面
瞎子拉胡琴
——练好的本领
瞎子吃核桃
——砸了手
瞎子熬糖
——恼(老)了火
瞎子买电视机
——给别人看的
瞎子进面馆
——只认吃
瞎子坐上席
——目中无人

瞎子伸手
　　——没(摸)钱
瞎子跑夜路
　　——难上加难
瞎子帮忙
　　——越帮越忙
瞎子跟绳走
　　——摸索前进
瞎猫抓住个死耗子
　　——碰上了
瞎子住山洞
　　——暗无天日
瞎子打电筒
　　——只照别人
瞎子打枪
　　——漫无目标
虾公掉进烫锅里
　　——落个大红脸
虾公头上戴大枪
　　——没人怕
虾子掉在盐堆里
　　——忙(芒)中有闲
下雨不撑伞
　　——淋(轮)着啦
下雨往屋里跑
　　——淋(轮)不到
下了山的老虎
　　——不如狗
下了地狱才后悔
　　——来不及了
下雨天泼街
　　——假积极

下雪天打兔子
　　——白跑
下锅的虾子
　　——红透了

xian

仙人掌开花
　　——黄了
先穿鞋后穿裤
　　——乱了套
先穿鞋子后穿袜
　　——乱套
掀翻了抱鸡窠
　　——弄出许多谎(黄)来
鲜花插在牛屎上
　　——不配
咸菜煮豆腐
　　——有言(盐)在先
咸菜缸里的石头
　　——一言(盐)难尽(进)
咸菜拌豆腐
　　——哪还用言(盐)
咸菜缸里养白螺
　　——难养活
咸菜煮豆腐
　　——不必多言(盐)
咸鸡蛋
　　——老淹(腌)哪
咸肉里加酱油
　　——多此一举

303

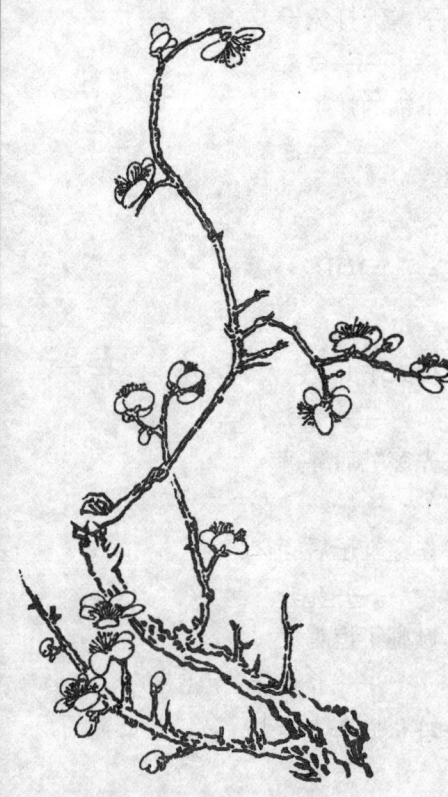

咸鱼落塘
　　——不知死活
咸鱼下水
　　——假新鲜
咸鱼下水
　　——活不了
现代人穿古装
　　——不合时宜
县太爷唱小曲
　　——官腔官调
陷阱里的猎物
　　——束手就擒

xiang

乡下人穿大褂
　　——必有正事
香炉里打喷嚏
　　——弄一鼻子灰
香炉里的纸钱
　　——鬼用
香水洗狐狸
　　——臊气还在
香山的卧佛
　　——大手大脚
香签搭桥
　　——难过
橡皮人
　　——能软能硬
向和尚借梳子
　　——找错了门
向棺材里的人讨账
　　——逼死人
向哑巴问路
　　——讲不出个道道来
向聋子吹笛
　　——白费工夫
向老虎告狼的状
　　——没有好结果
向姑娘讨孩子
　　——难为人
橡皮钉子
　　——不软不硬

橡皮糖
　　——扯得长

xiao

小草鱼赶鸭子
　　——找死
小葱拌豆腐
　　——一清二白
小偷进衙门
　　——没理
小偷进牧区
　　——顺手牵羊
小脚女人追兔子
　　——越撵越没影儿
小鸡吃碗碴儿
　　——肚里有词(瓷)
小鸡站在门槛上
　　——里外叼食
小孩儿爬楼梯
　　——步步都是坎儿
小孩儿耍菜刀
　　——不是玩意儿
小牛架大辕
　　——光蹦得欢拉不上套
小鬼拜张天师
　　——自投罗网
小米充黄豆
　　——个头就不中
小秃脱帽子
　　——头名(明)

小芝麻脸儿
　　——好大的面
小炉灶翻身
　　——倒霉(煤)
小炉匠拉抽屉
　　——找他个错(锉)
小姑娘梳头
　　——自便(辫)
小河上没桥
　　——将就过吧
小河里撑船
　　——一竿子到底
小猫打呼噜
　　——与众不同
小猫的胡子
　　——摆设
小碗儿吃饭
　　——靠天(添)
小媳妇哭爹妈
　　——没完没了
小婆子上吊
　　——吓唬大的哩
小河里行船
　　——平平安安
小朋友堆雪人
　　——就地取材
小毛驴戴耳环
　　——累赘
小秃跟着月亮走
　　——谁也不沾谁的光
小公鸡害嗓子
　　——不能再提(啼)了

小肚子搁暖壶
——热心肠

小炉匠的家私
——破铜烂铁

小寡妇看花轿
——干着急

小子玩泥巴
——就散就散

小鸡儿吃米
——老点头

小尼姑看嫁妆
——今世无分

小巫见大巫
——没了神气

小兔蹦到车辕上
——充什么大把式

小卒儿过河
——顶车用

小炉匠打铡刀
——干的大活

小和尚念经
——有口无心

小虾米熬菠菜
——要多帅有多帅

小庙的神
——没见过大香火

小老鼠钻进水壶里
——光顾了游湖(壶)玩景啦

小孩儿吃甘蔗
——越嚼越不是味儿

小孩儿见了娘
——有事没事哭一场

小孩子打呵欠
——好大的口气

小媳妇挨打
——早晚有一顿

小媳妇买猪内脏
——提心吊胆

小孩子摆神
——你哄我,我哄你

小孩子没了娘
——说来话长

小母鸡下蛋
——急红了脸

校长看教师
——一视同仁

xie

蝎子的尾巴
——太毒

蝎子的尾巴后妈的心
——最毒不过

蝎子掉进裤裆里
——由你折腾(蜇疼)

蝎子跑到刺猬上
——怎么着(蜇)

蝎子斗蜈蚣
——以毒攻毒

鞋上绣金凤
——会走不会飞

斜坡上放西瓜
——不愿滚也要滚

泄了气的皮球
　　——跳不起来
泄了气的皮球
　　——软下来了

xin

心坎上挂秤砣
　　——多累这份心
心坎上挂棒槌
　　——打咱(杂)
心口上装马达
　　——热肚肠
心里和了茅草
　　——慌(荒)手慌脚
心里塞团棉花
　　——憋气
心里头结冰块
　　——凉透了
新媳妇哭公公
　　——说不出个好处来
新娶的媳妇
　　——不肯见人
新娘拜堂
　　——不见脸
新娘子织布
　　——手忙脚乱
新栽的茅厕
　　——三无香
新栽的杨柳
　　——光杆一条

新打的剪刀
　　——难开口
新疆的哈密瓜
　　——甜甜蜜蜜
新生的婴儿
　　——一无所知

xing

星球大战
　　——惊天动地
刑部的后身
　　——老(牢)眼
杏熬倭瓜
　　——一色货

xiong

胸口上挂烧饼
　　——一副热心肠
胸口放鞭炮
　　——心里想(响)
胸口揣棉花
　　——心软
胸前吊门板
　　——好大的牌子
胸口上放盏灯
　　——心里亮堂
胸口上放秤砣
　　——铁了心

胸口上放马达
　　——动了心
胸口上放白花
　　——死了心

胸口上搁扁担
　　——担心
胸口上涂颜料
　　——变了心
胸口上贴灵符
　　——心里有鬼
胸口上有毛虫
　　——心里发痒
胸口上长草
　　——心慌(荒)

胸口上挂钥匙
　　——锁不住他的心
胸口上的疮
　　——心腹之患
兄弟媳妇嫁给大伯子
　　——升一级
雄株开花
　　——没结果
熊瞎子耍叉
　　——雷一手
熊瞎子吃蜜枣
　　——大把抓
雄鹰的翅膀
　　——练的

xiu

秀才不出门
　　——便知天下事
秀才遇到兵
　　——有理说不清
秀才推磨
　　——难为圣人
秀才看榜
　　——又惊又喜
秀才打架
　　——何须动武
秀才的房子
　　——尽是输(书)

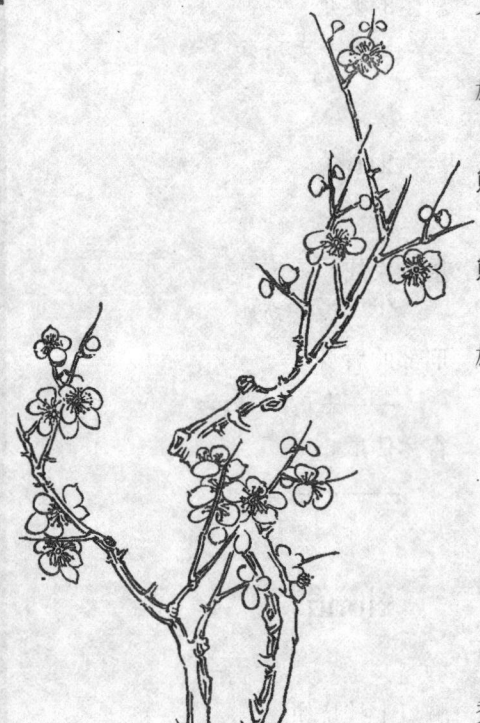

秀才背书
　　——出口成章
秀才挥笔
　　——大做文章
秀才偷笔
　　——文明人不做文明事
秀才哭哥
　　——凶(兄)啊
秀才推磨
　　——不得已
秀才遇到虎
　　——再吟诗也跑不脱
秀才作诗
　　——有两手(首)
秀才人情
　　——纸一张
袖筒里藏刀
　　——暗地伤人
绣花枕头
　　——外面光
绣花针沉海底
　　——无影无踪
绣花针戳乌龟壳
　　——穿不过去
绣花针扔到海里
　　——永无出头之日
绣球配牡丹
　　——天生的一对

xuan

悬崖上翻跟头
　　——凶多吉少
悬崖上晒腊肉
　　——高高挂起
悬崖上扔石头
　　——一落千丈
旋风钻到嘴里
　　——邪风入内

xue

学走路摔跤
　　——在所难免
雪人烤火
　　——不知自己是啥做的
雪地里走路
　　——一步一个脚印
雪地里埋人
　　——久后自明
雪山上的菩萨
　　——愣(冷)神儿
雪人跳井
　　——不见踪影
雪人救人
　　——白送死
雪人翻脸
　　——无情无义

歇后语大全

雪人下水
　　——无影无踪
雪人洗脸
　　——面目全非
雪人打伞
　　——多此一举
雪花落水
　　——无声无息

xun

熏鸡不叫熏鸡
　　——窝脖儿一个
巡警摆手
　　——不管那一段

Y

ya

丫头带钥匙
　　——当家不做主
丫头当媒人
　　——自身难保
鸭子凫水
　　——暗中使劲
鸭子下水
　　——嘴忙
鸭棚的老汉睡懒觉
　　——不简(捡)单(蛋)
鸭子改鸡
　　——光磨嘴皮
鸭子上架
　　——逼出来的
鸭子上房展翅
　　——算个什么鸟
鸭子吃青草
　　——充大牲口

鸭吃大椒
　　——直摇头
鸭吃长虫
　　——缠住了
鸭子踩水
　　——暗使劲
鸭子出世
　　——没了娘
鸭子的嘴
　　——煮不烂
鸭子孵小鸡
　　——白忙活
鸭子爬树
　　——为难
鸭子改鸡
　　——光磨嘴不行
鸭绒被裹尸体
　　——舒服死啦
鸭子走路
　　——大摇大摆
鸭子浮水
　　——上松下紧

鸭子上门槛
　　——里外乱啄
鸭子下水
　　——嘴上前
鸭子下河滩
　　——呱呱叫
鸭子下冻田
　　——难插翅
鸭子死了
　　——嘴还硬
鸭子吃菠菜
　　——连根儿铲
鸭子背上泼水
　　——光啦
鸭子不吃小鱼
　　——眼朝天
鸭子头上长疮
　　——一副恶(鹅)势
鸭子肉好吃
　　——就是嘴硬
鸭子进身田
　　——心里有数
鸭子放账
　　——鸡使(屎)
鸭搭百脚
　　——对头
鸭群里闯进一只鹅
　　——数你脖子长
鸭吞筷子
　　——脖硬
押宝不带钱
　　——看人家玩吧

衙门口的狮子
　　——明摆着
衙门口卖纱帽
　　——迟早是老爷的货
牙缝里剔肉
　　——解不了馋
牙齿朝外长
　　——专吃别人
崖头上睡觉
　　——真悬乎
崖头缝里逮螃蟹
　　——十拿九稳
哑巴打算盘
　　——闷算
哑巴捉贼
　　——动手不动口
哑巴捉驴
　　——闷逮
哑巴上馆子
　　——痛不可言
哑巴见瞎子
　　——比划不清
哑巴唱戏
　　——莫名其妙
哑巴吃饺子
　　——心里有数
哑巴听报告
　　——心领神会
哑巴蚊子
　　——暗盯(叮)着
哑巴做梦
　　——说不得

哑巴看书
　　——毒(读)在心里
哑巴拜年
　　——只作揖,不说话
哑巴见了妈
　　——苦衷难诉
哑巴梦见妈
　　——说不出的苦
哑巴做证
　　——有苦难言
哑巴看失火
　　——干瞪眼
哑巴踢毽子
　　——心中有数
哑巴发言
　　——比比划划
哑巴拜年
　　——多磕头少说话
哑巴咬牙
　　——说不出心里恨
哑巴对话
　　——装腔作势
哑巴挨夹杠
　　——痛死不开腔
哑巴吃仙桃
　　——妙不可言
哑巴说大象
　　——不可言状
哑巴吃黄连
　　——有苦说不出
哑巴吃元宵
　　——肚里有数

哑巴吃萤火虫
　　——心里亮堂
哑巴吃蜂蜜
　　——甜得不能说
哑巴打官司
　　——有口难言
哑巴见面
　　——没说的
哑巴见聋子
　　——比划不清
哑巴讨媳妇
　　——喜在心头

哑巴看书
　　——心里毒(读)
哑巴抓贼
　　——急在心头
哑巴伸冤
　　——有口难诉
哑巴遇见哑巴
　　——没说的了

哑巴和聋子结婚
——碰到一块儿了
哑巴狸猫抓耗子
——闷逮
哑巴对话
——比划比划
哑巴发誓
——暗下决心
哑剧演员
——光做不说

yan

烟灰抹面皮
——黑下脸来
烟筒里安家
——没门
烟袋锅里煮饭
——捣鼓不开
烟袋锅里蒸包子
——有气也不大
烟袋锅里炒芝麻
——小捣鼓
烟袋锅里炒鸡蛋
——请的哪门子客
烟袋锅烤手
——没有热乎劲
烟囱里招手
——往黑处引
烟囱里的麻雀
——黑道上来的

烟囱里的放醋坛
——酸气冲天
烟囱里拘雀麻
——没在那里面
烟囱里掏麻雀
——没在那里面
烟袋杆儿插席篾儿
——气儿不顺
烟袋锅里炒芝麻盐儿
——豆馋不逗嘴儿
严嵩的帽
——谁戴谁好
岩边打拳
——太危险
盐店起火
——烧包
盐店里卖气球
——闲(咸)极生非(飞)
盐店里冒烟
——生闲(咸)气
盐并不出卤水
——出言(盐)不逊
盐缸里出蛆
——稀奇
盐堆里爬出来的人
——闲(咸)话不少
盐堆里的花生
——闲人(咸仁)
盐堆上安喇叭
——闲(咸)话不少
盐碱地的树苗
——稀稀拉拉

314

盐碱地的庄稼
　　——死不死,活不活
阎王开饭店
　　——鬼都不上门
阎王办事
　　——尽想鬼点子
阎王不穿裤
　　——笑死鬼
阎王吃蒜
　　——有鬼捣
阎王爷出主意
　　——尽是诡(鬼)计
阎王爷说谎
　　——骗鬼
阎王爷吸鸦片
　　——大烟鬼
阎罗殿前唱大戏
　　——不知死的鬼
阎王爷皱眉头
　　——又在想鬼主意
阎王审小鬼
　　——不打自招
阎王爷写文章
　　——鬼话连篇
阎王开会
　　——都不是人
阎王开店
　　——无人买
阎王老爷嫁女儿
　　——抬轿的是鬼,坐轿的也是鬼
阎王不戴帽
　　——鬼头鬼脑
阎王打瞌睡
　　——点错了名
阎王吸鸦片
　　——大烟鬼
阎王爷下请帖
　　——不去不行
阎王爷拉家常
　　——讲鬼话
阎王爷做的芝麻饼
　　——鬼点子多
阎王爷的爸爸
　　——老不死的鬼
阎王爷的扇子
　　——扇阴风
阎王爷的扇子
　　——两面阴
阎王奶奶绣荷包
　　——鬼花招
阎王爷好见
　　——小鬼难缠
阎王爷变戏法
　　——鬼把戏
阎王办事
　　——鬼差
阎王爷敲门
　　——鬼到家了
眼里挑刺
　　——细致活儿
眼里的灰尘
　　——不能容忍
眼睛上套棉花

——看不透
眼睛上贴钞票
——见钱不见人
眼睛里插棒槌
——受不了
眼睛长锥子
——真尖
眼睛上出芽了
——不是好苗头
眼睛上贴膏药
——遮人眼目
眼泪往肚里流
——说不出的苦
眼睛上出花
——不是好毛病
眼睛长在头顶上
——光看上,不看下
眼睛生在鼻子下
——悲观失望
眼睛皮挂扫把
——扫脸
眼药吃到肚子里
——没弄到点子上
眼里的灰尘
——不能容忍
眼睛上套棉花
——看不透
眼睛上贴钞票
——见钱不见人
掩耳盗铃
——自欺欺人
演员吹胡子

——假生气
演员化妆
——涂脂抹粉
演员卸装
——恢复原貌
演员谢幕
——好戏收场
演戏用的刀枪
——全是假货

yang

羊群里跑出个骆驼
——抖什么威风
羊群里跑出头驴来
——哪里来的个野种
羊群里跑个兔
——数它小,数它精
羊群里的驴娃子
——与众不同
羊头上的毛
——长不长
羊粪蛋当子弹
——不是好仔(子)
羊圈蹦出个驴来
——数你大
羊撞篱笆
——进退两难
羊身上取驼毛
——没法
羊肉里的萝卜

————骚货

杨宗保成亲
————不打不招

杨二郎的外甥
————不爱旧(舅)

杨六郎赦了杨宗保
————儿媳妇吓的

杨四郎落泪
————有家难奔,有国难投

杨五郎削发
————半路出家

杨国忠做宰相
————冰山难靠

杨家将
————个个是忠良

杨家将上阵
————全来了

杨继业数儿子
————越数越少

杨树开花
————无结果

洋和尚念经
————光说不烧香

洋铁皮大刀
————碰刃就卷

仰面朝天撒尿
————贱(溅)到脸上

仰面老婆低头汉
————最难斗

仰头撒尿
————往上交(浇)

养在圈里的猪
————少不了挨一刀

养媳妇做媒
————自顾不周

yao

腰里别着个死耗子
————冒充打猎人

腰里挂算盘
————光为自己打算

腰里别钢筋
————腰杆子硬

腰带拿来围脖子
————记(系)错了

腰子上长出条腿
————横生肢(枝)节

腰里披着个扁担
————横闯一个点儿

腰里绑扁担
————横行一方

腰里别镰刀
————走到哪儿干到哪儿

摇着脑袋吃梅子
————瞧你那个酸相

咬着铁棍还说牙齿硬
————强装有本事

要饭的照镜子
————穷相

药王爷的嘴
————吃尽了苦头

药店里招手

——把人往苦处引
药铺里的甘草
——少不了的一位(味)
药铺里卖棺材
——往最坏处想
药罐子里的枣
——虚胖

ye

野马脱了缰
——横冲直撞
野狸子舔虎鼻梁
——溜须不要命
野狐狸撒尿
——骚气大
野兽当家
——荒凉
野蜂飞进渔网里
——光钻空子
野地里遇疯狗
——难近身
野地里撵兔子
——谁逮住就属谁
野地里烤火
——就地取材(柴)
野牛闯进火海里
——有命没毛
野鸽子起飞
——下落不明
野猪头做贡物

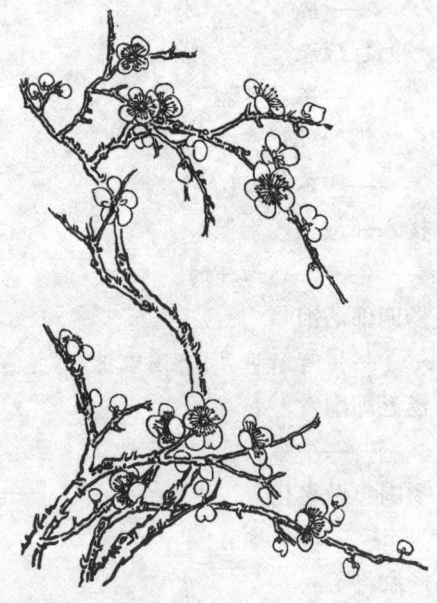

——虚情假意
夜莺配鹦鹉
——正合适
夜过坟场自唱歌
——自己壮胆
夜壶戴草帽
——冒充人
夜壶里洗澡
——扑腾不开
夜里看电灯
——忘(望)光
夜空中的月亮
——大家都沾光
夜壶打了把
——光剩嘴了
夜耗子偷食
——黑天干的事
夜不关门

　　——穷壮胆
披着个孙悟空
　　——憋出个猴来
叶公好龙
　　——怕是真的

yi

一个师父一路拳
　　——各有各的打法
一个萝卜一个坑
　　——一个顶一个
一个萝卜一个坑
　　——没有空地方
一个月穿三十双鞋
　　——日日换新
一个将军一个令
　　——到底听谁的
一个掠字分两半
　　——半推半就
一个碟子摔九块
　　——四分五裂
一辈子当寡妇
　　——老手(守)
一辈子守寡
　　——没福(夫)
一面官司
　　——全是理
一部二十四史
　　——从何说起
一口吃个旋风

　　——好大的口气
一口吃个李子
　　——谁不知道你的底子
一口吃了十二个饺子
　　——好大的胃口
一口吃了个和尚
　　——心里有事(寺)
一口想吃个胖子
　　——性子太急
一口吞个热芋头
　　——一晌不出
一口吞了三个馒头
　　——吃不消
一根筷子吃面条
　　——独挑儿
一根筷子吃莲菜
　　——挑眼
一根肠子通屁股
　　——吃啥屙啥
一根蚊香两头点
　　——两头成灰
一根牛毛破八瓣
　　——分的真细
一分钱的醋
　　——又酸又贱
一分钱的份子
　　——少礼
一天下了三场雨
　　——少情(晴)
一天一场雨
　　——无情(晴)
一斤酒瓶装十两

——正好

一斗芝麻掉一粒
——有你不多，没你不少

一双筷子夹骨头
——三条光棍

一双脚踏两只船
——三心二意

一只筷子吃豆腐
——全盘弄坏

一头撞到南墙上
——弯都不拐

一头栽到黄河里
——死也洗不清

一碗水泼在地上
——收拾不起来

一碗面
——何止一条

一嘴想吃个胖子
——难办

一连三座菩萨堂
——妙(庙)妙(庙)妙(庙)

一脚踢翻煤油炉
——散伙(火)

一脚踩死个麒麟
——不知贵贱

一脚踩翻醋瓶子
——酸味都来

一篮茄子一篮豇豆
——两难(篮)

一点水滴在香头上
——碰巧了

一朵鲜花插在牛粪上
——真可惜

一把抓了个星星
——手伸到天上去了

一根筷子夹菜
——不容易上手

一只手举重
——拿不起来

一只皮鞋一只拖鞋
——成不了双

一张凳子两人坐
——将就将就

一团乱麻
——扯不清

一团乱麻
——毫无头绪

一团乱麻
——叫人摸不着头尾

一炮换双士
——代价不算低

一马换双象
——未必划不来

一兵换双士
——划得来

一千里走了一百里
——远着呢

一手交钱，一手交货
——谁也不欠谁的

一路绿灯
——通行无阻

一条扁担挑泰山
——担当不起

一条藤上结的瓜

歇后语大全

——苦都苦,甜都甜

一壶醋的赏钱
——小恩小惠

一百七加八十
——二百五

一百只老鼠咬猫
——没有一个敢下口

一百里走了九十九里
——差一礼(里)

一百斤棉花一张弓
——慢慢谈(弹)

一百个蛤蟆拉辆车
——只见头动弹,不见车动弹

一根香敬两尊佛
——左也不是、右也不是

一根筷子拣花生米
——挑拨

一根竹子搭桥
——难过

一拳头打死只蚊子
——冒充好汉

一拳头打在絮被上
——没一点反响

一群骆驼跳舞
——没一个有人样的

一群麻雀吃食
——叽叽喳喳

一群哑巴在一起
——指手画脚

一群老鸦朝南飞
——一模一样

一个萝卜一个坑

——留有余地

一个枣核也舍不得丢
——抠得要命

一个跳蚤蹦起来
——不知去向

一个人吹号又打鼓
——自吹自擂

一个人拜把子
——你算老几

一个人打官司
——全是理

一个媳妇几个婆
——不知该听谁的

一个水洞里的泥鳅
——都够滑的

一个坑里的蛤蟆
——跟着哇哇

一个坑里的泥鳅
——一色货

一个槽里养两头猪
——抢食吃

一个樱桃两个核
——伙着来的

一个核桃砸两半
——图个人(仁)

一个葫芦两个瓢
——各舀各的

一个染缸里的布
——同样的货色

一个指头和面
——硬搞

一个吹笛,一个按眼

　　——两不顶一
一口吹灭火焰山
　　——口气不小
一口吞下个热红薯
　　——咽气又烧心
一口吞下热红薯
　　——难咽
一口吃个牛排
　　——贪多嚼不烂
一口吞下布鞋面
　　——心里有底
一口咬断铁钉子
　　——好硬的嘴
一口一个饺子
　　——囫囵吞
一口吞了个鸡爪爪
　　——挂在心上
一只鸡娃两只鹰
　　——给了你他就不高兴
一颗心掰成八瓣儿
　　——操碎了心
一棵蔫倒的葱
　　——扶不起来
一园子萝卜
　　——个个是头
一锅稀米汤
　　——全靠熬
一锅子浑汤面
　　——糊涂到一块了
一锤子砸了锅
　　——捅个大漏子
一锥子扎在身上

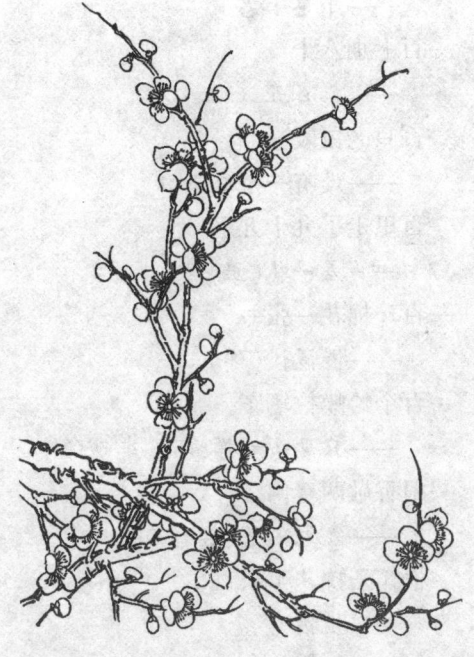

　　——心惊肉跳
一锥子扎不出血
　　——死肉一块
一锥子扎到底
　　——死心眼
一盆火抱在怀里
　　——热乎
一脚踢出屁来
　　——巧极了
一肚子花花肠子
　　——找不到心
一丈二尺的扁担
　　——摸不着头尾
一丈二加八尺

——仰仗(两丈)

一丈八的房子,一丈九的菩萨

——盛不下

一碗酱油一碗醋

——斤对斤,两对两

一排爆竹

——连骗(片)带诈(炸)

一天三刮络腮胡

——他(它)不叫我露脸,我也
不叫他(它)出头

yin

阴沟里翻船

——没想到的事

阴沟里的老鼠

——明的不敢来暗地里来

阴沟里洗手

——假干净

阴阳先生睡在坟头上

——舍不得那块宝地

阴沟里的水

——干净不了

阴天戴草帽

——多此一举

阴天晒褥子

——不是时候

银河的星光

——闪闪烁烁

银河里的星星

——光辉灿烂

银行的出纳

——没钱不好办

引水入墙

——招祸殃

印版上的话

——天天如此

ying

英雄遇好汉

——对手

鹦哥的嘴巴

——会说不会做

鹦鹉唱大曲

——巧上加巧

鹦鹉学舌

——人云亦云

鹰犬捕兽

——上下夹攻

鹰嘴鸭子爪

——能吃不能拿

迎风吃炒面

——张不开口

迎风吐唾沫

——自作自受

萤火虫打架

——明对明

萤火虫的屁股

——没多大量(亮)

萤火虫飞眼前

——闪闪亮
萤火虫落在秤杆上
——自以为是颗亮星
硬木棒弹棉絮
——越弹越乱
硬要麻雀生鹅蛋
——蛮不讲理

yong

用斧子裁衣裳
——粗制滥造
用尽力气吹网兜
——白搭
用了三代的钉耙
——无耻(齿)

you

邮包上挂灯草
——轻信
油坊改卖芝麻
——不打
油锅里撒盐
——闹个不停
油锅里添了瓢冷水
——炸了
油画里卷国画
——话(画)里有话(画)
油煎冰棒
——一场空
油放枇杷核
——滑里滑溜
油浇蜡烛
——一条心(芯)
油篓里的西瓜
——不干脆
油瓶打鼓
——空对空
油漆匠的家当
——有两把刷子
油漆泥菩萨
——面目新
油条泡在热汤里
——浑身软
油箱里放鞭炮
——响过算数
油炸臭豆腐
——闻着臭,吃着香
油炸麻花
——干脆
油炸泥鳅
——乱蹦乱跳
油着火,用水泼
——帮倒忙
游泳池里垂钓
——引人上钩
游泳上岸
——两手空空
游乐场里的碰碰车
——不好驾驭
由大街转入巷子

　　——路子越走越窄
有北里,有南墙
　　——不成东西
有骆驼不讲牛羊
　　——光拣大的说
有肉的馒头
　　——不用捏褶
有西瓜不讲芝麻
　　——光拣大的说
有衣无帽
　　——不成一套
有枣无枣打一棒
　　——试试看
又咒天子又骂娘
　　——不忠不孝
又做巫婆又做鬼
　　——两面派
又做媳妇又做娘
　　——三代同堂
又娶媳妇又嫁女
　　——有来有往
又打针又抽血
　　——有得有失
又属百灵鸟又属袋鼠
　　——会唱会跳

yu

雨后的彩虹
　　——时有时无
雨过天晴
　　——重见光明
雨夜打灯笼
　　——经不起风雨
与虎共眠
　　——好大的胆子
玉皇大帝
　　——高高在上
玉皇大帝招驸马
　　——天大的怪事
玉皇大帝发雷霆
　　——慌了神
玉皇大帝的客人
　　——个个是神仙
玉皇大帝拜财神
　　——有钱大三辈
玉上涂白漆
　　——装贱
玉石妹妹
　　——宝贝蛋儿
玉器失手
　　——可惜
鱼池里下网
　　——多余(鱼)
渔船上打儿子
　　——没跑
鱼口里的水
　　——吞吞吐吐
渔网里的山鸡
　　——有翅难飞
鱼鹰下洞庭
　　——大有作为
鱼嘴里的水

——进进出出
俞伯牙搬家
　　　　——不留情(琴)
俞伯牙的箱子
　　　　——承情(盛琴)
俞伯牙摔琴
　　　　——不谈(弹)了
渔场起火
　　　　——枉然(网燃)
渔船上的螃价
　　　　——串起来
渔网打疙瘩
　　　　——急(结)上加急(结)
渔翁钓鱼
　　　　——坐等
愚公的住处
　　　　——开门见山
羽毛缎子盖鸡笼
　　　　——外面好看里面空
雨点落在香头上
　　　　——真巧
雨过送伞
　　　　——不领情
雨点落在火星上
　　　　——巧得很
雨后穿皮鞋
　　　　——拖泥带水
雨后的彩虹
　　　　——五光十色
雨中挑稻草
　　　　——越挑越重
雨天的麦垛

　　　　——发了
雨天的癞蛤蟆
　　　　——叫得欢
雨天尿裤子
　　　　——里外一样

雨打棺材
　　　　——娇(浇)死人
雨过送伞
　　　　——虚情假意
雨后的太阳
　　　　——够热情(晴)的
雨后天晴
　　　　——渐渐明白
雨后送伞

——空头人情
雨后的青笋
——一日三蹿
雨浇泥菩萨
——土里土气
雨天打土坯
——没好的

yuan

袁世凯称帝
——不得人心
元帅的帐篷
——不前不后
原始森林里迷路
——进退两难
圆桌会议
——不分上下
远处有灯
——前途光明
远地得家书
——徒增欢喜
远水救近火
——来不及
院子里搭戏台
——有戏唱啦

yue

阅览室里看报纸

——大有文章
月亮下看书
——沾你的光了
月半前一天
——失事（十四）
月光下散步
——形影不离
月亮坝里耍大刀
——明砍
月亮当镜子
——太把自己看大了
月亮底下点灯笼
——多此一举
月亮底下看影子
——夜郎自大
月亮底下耍刀
——胡砍
月亮地里晒谷子
——不顶用
月亮跟着太阳转
——沾光
月亮里的桂树
——高不可攀
月亮里点灯
——空好看
月下提灯
——虚挂名（明）
月照雪山
——光明洁白

yun

云彩里提手
　　——高招
云肚里装口袋
　　——装疯(风)
云端里跑马
　　——露出马脚
云朵里的雨
　　——成不了气候
云里的浪头
　　——高潮
云母石上钻眼
　　——深不不去
云头里翻筋斗
　　——没着落

云里摆手
　　——高招
云南老虎蒙古骆驼
　　——素不相识
云头上挂剪
　　——高才(裁)
云里张口袋
　　——装疯(风)
云头上打靶
　　——放空炮
云雾里的爱情
　　——迟早要散
孕妇过独木桥
　　——铤(挺)而走险
孕妇难产
　　——无病呻吟
运动员下跑场
　　——你追我赶

Z

za

杂货铺卸货
　　——没进步(布)

zai

宰相的千金
　　——不愁嫁不出去
宰相的千金
　　——不怕没人要

zao

早春的桃花
　　——红不久
早上的林中鸟
　　——各唱各的调
早餐啃馒头
　　——一口一口地吃
早开的红梅
　　——一枝独秀
早起开门窗
　　——换换空气
灶门前拿竹筒
　　——吹了
灶王爷打跟头
　　——砸锅了
灶王爷贴在腿肚上
　　——人走家散
灶前老虎
　　——屋里凶
灶王爷上天
　　——神气来了
灶王爷不在家
　　——没主事的人
灶旁的风箱
　　——煽风点火
灶台上的抹布
　　——沾油水

灶上的抹布
　　　——酸甜苦辣尝尽了
灶坑插杨柳
　　　——死不死,活不活

zang

脏拖布擦地板
　　　——不干不净
脏水罐子掉到茅坑里
　　　——越闹越臭
脏水倒阴沟
　　　——同流合污

zhan

站在云头吊嗓子
　　　——唱高调
站在河边撒尿
　　　——随大流
站在山上看马斗
　　　——踢不着,咬不着
战场上用兵
　　　——虚虚实实
蘸了汽油的柴禾
　　　——一点就着

zhang

张天师被鬼迷
　　　——瞒不了人
张生跳粉墙
　　　——偷花贼
张生的病
　　　——吃药没用

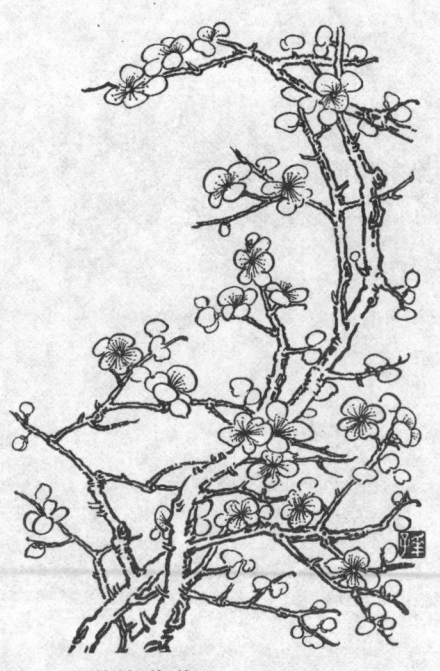

张生碰着崔莺莺
　　　——一见钟情
张飞扔鸡毛
　　　——有劲难使
张飞使计谋
　　　——粗中有细

张飞贩私盐
　　——谁敢检查
张飞妈妈姓吴
　　——无事(吴氏)生非
张飞绣花
　　——粗人有股细劲
张飞穿针
　　——大眼瞪小眼
张飞卖肉
　　——光说不割
张飞战关公
　　——忘了旧情
张飞吃豆芽
　　——一盘小菜
张飞穿针
　　——粗中有细
张飞绣花
　　——粗中有细
张飞卖秤锤
　　——人强货硬
张飞抓耗子
　　——大眼瞪小眼
张果老骑驴
　　——倒着走
张果老倒骑毛驴
　　——越走越远
张果老倒骑毛驴
　　——向后看
张家的儿子李家养
　　——大有名堂
丈二宽的长袍
　　——大摇(腰)大摆

丈夫不打妻子
　　——好福气(夫妻)
丈八房子,丈九菩萨
　　——出了头
丈母娘看女婿
　　——越看越欢喜
丈母娘遇亲家母
　　——婆婆妈妈

zhao

照葫芦画瓢
　　——按老样子做

zhen

针挑手中刺
　　——一个更比一个尖
针尖对麦芒
　　——尖对尖
针尖上落芝麻
　　——难得
针尖上擦油
　　——又尖又滑
珍珠没眼儿
　　——瞎宝贝

zheng

正月初二拜丈母娘
　　——正适时
正月十五赶庙会
　　——随大流

zhi

织布机上的梭子
　　——两头窜
织布不用梭子
　　——就靠吹
芝麻地里的黄豆
　　——数它最大
芝麻地里的老鼠
　　——吃香
蜘蛛结网
　　——独霸一方
直性人发言
　　——有啥说啥
只尝不买
　　——光占便宜
纸糊的房子
　　——不能容人
纸补裤裆
　　——越补越烂
纸马店的货
　　——等着烧

纸老虎
　　——一戳就穿
纸糊的人过河
　　——衣烂架不倒
纸糊的大鼓
　　——不堪一击
纸糊的墙
　　——靠不住
纸上画刀
　　——无关痛痒
纸船出海
　　——经不起风浪
纸糊的背墙
　　——靠不住
纸糊的房子
　　——不是安身之处
纸糊的窗
　　——一点就破
纸糊的大炮
　　——一辈子也打不响

zhong

终身当会计
　　——长期打算
中秋的天气
　　——不冷不热
中国的功夫
　　——名不虚传
钟馗开饭店
　　——鬼不上门

钟馗打饱嗝
　　——肚里有鬼
钟馗受骗
　　——被鬼迷住
钟馗嫁妹
　　——鬼混（婚）
钟鼓楼上百灵鸟
　　——惊不出来

zhou

周瑜打黄盖
　　——自己人打自己人
周瑜打黄盖
　　——一个愿打,一个愿挨
周瑜打黄盖
　　——装样子
周瑜讨荆州
　　——费力不讨好
周瑜打黄盖
　　——两厢情愿
周扒皮学鸡叫
　　——自找挨打

zhu

诸葛亮要丑妻
　　——为事业着想
诸葛亮招亲
　　——才重于貌

诸葛亮草船借箭
　　——有把握
诸葛亮借箭
　　——有借无还
诸葛亮用兵
　　——神出鬼没
诸葛亮当军师
　　——名副其实
诸葛亮的锦囊
　　——神机妙算
诸葛亮当军师
　　——办法多
诸葛亮隆中对策
　　——有先见之明
诸葛亮用空城计
　　——不得已
诸葛亮吊孝
　　——装模作样
诸葛亮征孟获
　　——收收放放
诸葛亮弹琴
　　——计上心来
诸葛亮的鹅毛扇
　　——神秘难测

诸葛亮三气周瑜
——略使小技
诸葛亮草船借箭
——用的是疑兵计
诸葛亮挥泪斩马谡
——顾全大局
诸葛亮吊孝
——不是真心
诸葛亮唱空城计
——急办法
猪八戒进屠场
——自己贡献自己
猪八戒进了女儿国
——看花了眼
猪八戒戴耳环
——自以为美
猪八戒的武艺
——倒打一耙
猪八戒三十六变
——没有一副好嘴脸
猪八戒相亲
——怕露嘴脸
猪八戒西天取经
——三心二意
猪八戒不成仙
——坏在嘴上
猪八戒拱帘子
——嘴先进
猪八戒掉进万花筒
——丑态百出
猪八戒照相
——自找难堪(看)

猪八戒摔镜子
——怕露丑
猪八戒买猪肝
——难得心肠
猪八戒充英雄
——只是嘴皮子拱得欢
猪八戒招亲
——黑灯黑人
猪八戒卖凉粉
——样数不多,滋味不少
猪八戒卖炒肝
——这是哪道肺
猪八戒的嘴巴
——自我欣赏
猪八戒啃地梨
——什么仙人吃什么果
猪八戒戴花
——越多越丑
猪八戒吃猪啼
——自残骨肉
猪八戒吃黄连
——苦了大嘴的
猪八戒耍把式
——倒打一耙
猪八戒过火焰山
——倒打一耙
猪八戒西天拜佛
——禅心不稳
猪八戒的法名
——无(悟)能
猪八戒背媳妇
——舍得花力气

猪八戒背媳妇
　　——心甘情愿
猪八戒想娶媳妇
　　——一厢情愿
猪八戒发脾气
　　——又丑又恶
猪八戒照镜子
　　——自找难堪
猪尿泡打人
　　——情节重
猪婆吃包衣
　　——自吃自
猪鬃刷子
　　——又粗又硬
猪大肠
　　——扶不起来
猪嘴里挖泥鳅
　　——死也挖不出来
猪肉汤洗澡
　　——腻死人
猪向前拱,鸡往后刨
　　——各有各的门道
猪圈里养骆驼
　　——突出
猪蹄子不放盐
　　——旦(淡)角(脚)
猪脑壳
　　——死不开窍
珠峰上的猎户
　　——高人
珠峰上站岗
　　——高瞻远瞩

竹篮打水
　　——一场空
竹筒倒豆子
　　——来个痛快
煮过的花生
　　——熟人(仁)
煮破的饺子
　　——露了馅
煮熟的猪头
　　——死不开口
拄着拐杖下煤窑
　　——步步倒(捣)霉(煤)

zhua

抓住芝麻丢掉西瓜
　　——主次不分
抓住荷叶摸到藕
　　——追根到底

zhuan

砖墙上钉图钉
　　——挤不进去

zhuang

状元打更
　　——屈才了
状元打更
　　——出于无奈

zhui

锥子扎皮球
　　——消消气
锥子上抹油
　　——又尖又滑

zhuo

桌子上唱大戏
　　——摆布不开
桌子缝里舔芝麻
　　——穷相毕露
桌子板凳一样高
　　——平起平坐
啄木鸟修房子
　　——斗嘴劲
啄木鸟上供桌
　　——大显花屁股
啄木鸟死在窟窿里
　　——吃了嘴的亏
啄木鸟治树
　　——嘴上功夫
啄木鸟下油锅
　　——嘴硬骨头酥
啄木鸟翻跟头
　　——卖弄花屁股
啄木鸟栽跟头
　　——吃了嘴上的亏
啄木鸟找食
　　——全凭嘴

zi

自己说的听不见
　　——梦话
自己挖坑埋自己
　　——找死
自己讲的不知道
　　——胡话
自行车下坡
　　——不睬(踩)
自行车走田坝
　　——得过且过
自大一点
　　——臭
自由市场的买卖
　　——讨价还价
自己跟自己下棋
　　——输也是你赢

zou

走一步思三思
——考虑周到
走近鬼门关
——离死不远了
走廊上开铺
——不留余地
走夜路吹口哨
——壮自己的胆
走了和尚捉道士
——有辫子抓了
走了和尚有庙在
——尽管放心
走过的路上不长草
——太毒了

zu

祖坟上插烟卷
——缺德带冒烟
祖坟上长棵酸枣树
——尽出带刺的货
祖传的被单
——破烂不堪
祖孙回家
——返老还童
卒子过河
——难以回头

卒子过河
——有进无退
卒子过河
——永不回头
卒子过河
——勇往直前

zuan

钻进鸟龙里的猫
——嘴馋上了当
钻在水道眼里叹息
——低声下气
钻子头上加钢针
——好厉害

zui

嘴里吃了烂猪毛
——乱糟糟
嘴巴扛在肩上
——到处吃人家
嘴里开火药铺
——张口就炸
嘴里吃了鸟枪药
——说话冲
嘴上加盖儿
——废话少说
嘴巴上拴油瓶
——油嘴滑舌

嘴巴上贴封条
　　——开不了口
嘴边没毛
　　——办事不牢
嘴里含冰棒
　　——尽讲风凉话
醉汉的嘴
　　——没遮拦
醉汉过铁索桥
　　——上晃下摇
醉翁之意不在酒
　　——另有所图

zuo

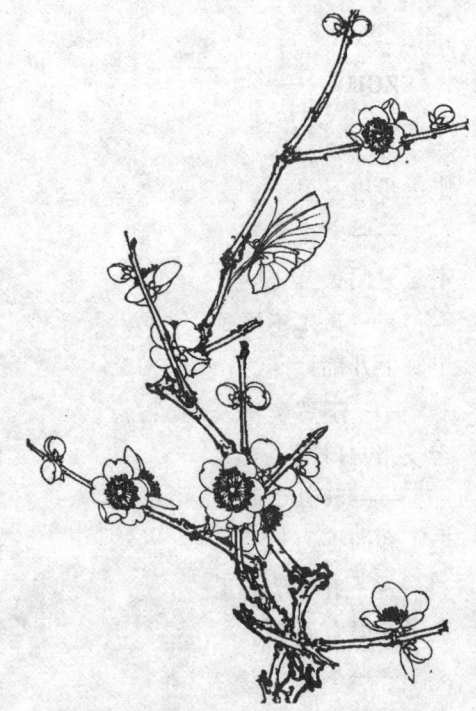

做梦吃大餐
　　——高兴得流出口水
做梦掉下井
　　——虚惊一场
做梦被老虎咬伤
　　——虚惊一场
做梦当长工
　　——想得苦
做梦吃馒头
　　——梦里见面
做梦变蝴蝶
　　——想入非(飞)非(飞)
做梦学吹打
　　——快活一时
做个大褂丈二宽
　　——大摇(腰)大摆

做梦学吹打
　　——快活一时
做贼的不用化装
　　——贼眉贼眼
做媒人的赔女儿
　　——输在嘴上
做媳妇的没婆婆
　　——好当家
做砖的坯子、插刀的鞘子
　　——框框套套
做了皇帝想成仙
　　——心高
做烧饼的卖汤圆
　　——多面手

做梦当皇帝
——神气一时
做梦见恶鬼
——虚惊一场
做梦见阎王
——疑神疑鬼
做梦娶西施
——想得美
做梦被追杀
——想起还后怕
做梦发财
——空欢喜一场
做梦吃黄连
——想得很苦
做梦爬山
——其实不费力
做梦逛公园
——尽想玩
做梦戴乌纱
——想做官
做梦捡到金子
——尽想好事
做梦出差
——想到哪儿去了
做生意讲信誉
——理所当然
做小本生意
——斤斤计较
做旗袍用土布
——不是那块料
做梦娶媳妇
——光想美事

做梦掉下井
——虚惊一场
坐飞机钓鱼
——够（钩）不着
坐轿子喊丫环
——福享尽了
坐在轿里翻跟头
——不识抬举
坐汽车拿鞭子
——老赶
坐在飞机上钓鱼
——差得远
坐飞机写文章
——高论
坐马打电话
——奇（骑）闻
坐电梯上楼
——不怕（爬）

坐家女裁尿布
——闲时备下忙时用
坐火箭上月球
——远走高飞
坐电梯上九霄
——一步登天
坐轿子上山
——越抬越高

坐船去坐车回
　　——不走老路
坐卫星上天
　　——远走高飞
坐着吃甘蔗
　　——一节一节来
坐着飞机想上月球
　　——心比天高

坐飞机旅游
　　——一日千里
坐飞机抒豪情
　　——壮志凌云
坐火箭鼓掌
　　——拍手称快